Inhalt

W0236510

Vorwort

Es gibt bereits eine Menge Survival-Bücher.
Wozu dann ein weiteres veröffentlichen, wird sich manch einer fragen. Durchforstet man jedoch das vorhandene Angebot genauer, so wird man feststellen, daß ein Handbuch fehlt, das nach dem Prinzip „Man nehme..." verwendet werden kann.
Ich meine damit ein Buch, das eine eingetretene Situation darstellt und gleichzeitig eine Lösung anbietet – eine Lösung, die einfach zu verstehen und vor allem schnell und sicher auszuführen ist.
So versuchte ich, ein möglichst vielschichtiges Buch zu schaffen, das nicht nur Expeditionsteilnehmern und Abenteuerurlaubern eine Hilfe ist, sondern auch Wanderreitern, Jägern, Schlittenhundeführern, Bergsteigern, Natur- und Survivalfreunden.
Ein besonderes Anliegen war mir der Medizinteil.
Dieser kurze Streifzug durch die Human- und Tiermedizin kann selbstverständlich weder den Gang zum Arzt noch ein Medizinstudium ersetzen. Allerdings sind gewisse medizinische Kenntnisse – gerade wenn man auf sich alleine gestellt ist – unumgänglich.
Denn selbst der einfallsreichste, improvisierfähigste Geist ist machtlos, die beste Ausrüstung nur noch Hilfswerk,

wenn man durch Krankheit oder Unfall nicht mehr einsatzfähig ist.

Ich habe mich bemüht, diesen Ratgeber möglichst knapp zu halten, denn ein Buch dieser Art ist nur dann sinnvoll, wenn es jederzeit mitgeführt werden kann.

Natürlich sollten die richtigen Handgriffe schon *vor* einer Reise oder Tour eingeübt werden. Dazu sollte jeder versuchen, sich eine gewisse Flexibilität anzueignen, um im Notfall mit den ihm zur Verfügung stehenden Mitteln improvisieren zu können.

Einen Rat möchte ich jedem jedoch ausdrücklich mit auf die Reise geben:

Die beste Bewältigung einer Notfallsituation besteht darin, sie gar nicht erst eintreten zu lassen !!!

Volker Lapp,
Wittgenborn, 1991

1. Rund um's Wetter

ALLGEMEINE WETTERREGELN

Föhn:	birgt stets die Gefahr eines Wettersturzes.
Kaltfronten:	können auch im Sommer die Schneefall-Grenzen im Gebirge sinken lassen.
Nebel im Tal:	meist sonniges Wetter im Gebirge; gute Fernsicht.
Bewölkter Himmel:	geringere Temperaturunterschiede zwischen Tag und Nacht.
Wolkenloser Himmel:	starke Temperaturunterschiede zwischen Tag und Nacht. Diese fallen umso stärker aus – je schwächer der Wind weht und/oder – je trockener die Luft ist (insbesondere bei Schnee)
Langsame Veränderung des Wetters:	bringt beständiges Wetter und konstante Temperaturen.
Schnelle Wetterveränderung:	sorgt für Unbeständigkeit.

VORZEICHEN FÜR GUTES WETTER

- sich schnell auflösende Kondensstreifen
- Taubildung am Morgen
- Morgengrau
- hoher Luftdruck
- steigender Luftdruck
- Morgennebel, der sich bald auflöst
- senkrecht aufsteigender Rauch
- große Temperaturunterschiede zwischen Tag und Nacht.
- Ostwind im Sommer: es wird wärmer
- ein langsamer Anstieg des Luftdrucks über Tage hinweg entspricht einem beständigen Hoch; ein schneller Druckanstieg bedeutet meist nur ein Zwischenhoch.
- im Gebirge: Nebel im Tal ist meist von gutem Wetter und Fernsicht auf der Höhe begleitet.

KÄLTEZUNAHME

Eine Kältezunahme ist zu erwarten bei
- stark glitzernden Sternen im Winter
- Ostwind im Winter.

ANZEICHEN FÜR SCHLECHTE WITTERUNG

- Morgen- oder Abendrot
- flach ziehender Rauch
- tiefer Luftdruck mit bleibender Tendenz
- lang anhaltende Kondensstreifen in großer Höhe

- Windzunahme
- grauer Abendhimmel
- fallender Luftdruck
- Windstille bei Regen: langanhaltender Niederschlag
- ferne Gegenstände, die plötzlich scheinbar näher kommen; Berge nehmen eine blauschwärzliche Färbung an
- Halo-Erscheinungen (Ringe und Höfe) an Sonne, Mond oder Sternen bedeuten eine *baldige* Wetterverschlechterung
- auffallend gute Hörbarkeit entfernter Geräusche
- Aufklarung mit plötzlich starkem Luftdruckanstieg nach längerem Regen deutet nur auf eine *kurzzeitige* Wetterbesserung hin
- Wolkenaufzug (sich verdichtende Schichtwolken) aus West bis Südwest zeigt bei Druckabfall in *Mitteleuropa* auf Niederschlagstendenzen
- Dunst in den Bergen – bei gleichzeitiger Aufklärung im Tal – ist meist ein Zeichen für Wetterverschlechterung
- *Sturmgefahr bei schnell und stark fallendem Luftdruck*

DIE WOLKEN-WETTERBEDEUTUNG

Schichtwolken

Cirrus: Bei Schönwetterlage und unregelmäßig verteilten Cirrus-Wolken am Himmel besteht keine baldige Aussicht auf Wetterveränderung. Bei fallendem Luftdruck sowie aus SW bis NW herbeiziehenden Cirruswolken, die sich verdichten, ist während des nächsten Tages mit Wetterverschlechterung zu rechnen.

Cirrocumulus: Schnell herbeiziehende Cirrocumuli-Wolken aus *westlicher* Richtung zeigen den kommenden Wetterumschlag. Sehr feine Cirrocumuli deuten im Sommer auf Föhn oder Gewitter hin.

11

Cirrostratus:	Bei fallendem Luftdruck ein Zeichen für baldigen Regen; Ringe und Höfe (Halos) um Mond und Sonne: nachfolgender Regen.
Altocumulus:	Schlechtwetterfront ist angesagt.
Altostratus:	Ebenfalls ein Schlechtwetterzeichen; bei Verdichtung des Altostratus und Ausbildung von Wolkenfetzen an der Unterseite ist mit naßkaltem und regnerischem Wetter zu rechnen.
Nimbostratus:	Bildet er eine geschlossene Wolkendecke in eintönigem Grau, deutet dies auf Landregen. Allerdings: reißt die Wolkendecke langsam auf und Helligkeit kommt durch, kann man sich auf besseres Wetter einstellen.
Stratus:	Stratuswolken im Sommer zeigen die Möglichkeit eines Gewitters an. Strati unter einhundert Meter Höhe bezeichnet man als Nebel.
	Wenn bei *klarem* Winterwetter abends Nebel aufzieht, der sich dann wieder auflöst, bedeutet dies anhaltenden Frost.
Stratocumulus:	„Schönwetterwolken": flache, geschichtete (Stratus) Quellwolkenfelder unterhalb einer Inversion. Am Ende einer Schauerperiode oder nach Nebel oder Hochnebel im Hochdruckgebiet auftretend.

Quellwolken (= Schauer- oder Gewitterwolken)

Cumulus:	Nach Sonnenaufgang (bei gutem Wetter) sich bildende Cumuluswolken, die sich nach Sonnenuntergang wieder auflösen, deuten auf eine stabile Wetterlage hin. Lösen sich dagegen die Wolken nicht auf, ist mit Wetterverschlechterung zu rechnen.
	Die Bildung von starken Cumuli deutet auf Regenschauer und/oder Gewitter hin.
	Cumuluswolken aus SW und NW: Regen oder Schneeschauer, unter Umständen zusätzlich Windböen.
	Ein Auftauchen von Cumuli im Morgengrau läßt ebenfalls auf schlechtes Wetter (Schauer) schließen.

Cumulonimbus: Gewitterwolken; es ist mit Böen und/oder Regen-
schauer zu rechnen. Schwefelgelb gefärbte
Cumulonimbuswolken zeigen kommenden Hagel
an.

KLEINE WOLKENTABELLE

Wolkenhöhe in Metern	Wissenschaft-licher Name	Abkür-zung	Bezeich-nung	Volksmund
8000–12000	Cirrus	Ci	Hohe Wolken	Feder-, Schleier-, Eiswolken
6000–10000	Cirrocumulus	Cc	Hohe Wolken	Haufenfederwolken, kleine „Schäfchen"
6000– 8000	Cirrostratus	Cs	Hohe Wolken	Schleierwolken-schichten (Hal um noch durchschein-ende Sonne)
3000– 6000	Altocumulus	Ac	Mittelhohe Wolken	grobe Schäfchen-wolken, Quell-wölkchen in der Höhe
3000– 6000	Altostratus	As	Mittelhohe Wolken	Schichtwolken in der Höhe
2000– 5000	Nimbostratus	Ns	Mittelhohe Wolken	Regenschicht-wolken
0– 2000	Stratus	St	Niedrige Wolken	niedrige Schichtwolken
500 2000	Stratocumulus	Sc	Niedrige Wolken	Schicht-/ Haufenwolken
500– 6000	Cumulus	Cu	Niedrige Wolken	Haufen-, Quell-wolken
500– 1500	Cumulonimbus	Cb	Niedrige Wolken	Regenhaufen-Wolken

Cirrus – Federwolken/Schleierwolken/Eiswolken

Cirrocumulus – Haufenfederwolken, kleine „Schäfchen"

*Cirrostratus –
Schicht von
Schleierwolken,
Halo um noch
durchscheinende
Sonne*

*Altocumulus –
Grobe Schäfchen-
wolken, Quellwölk-
chen in der Höhe*

15

Altostratus – Schichtwolken in der Höhe

Nimbostratus – Regenschichtwolken

Stratus – Niedrige Schichtwolken

Stratocumulus – Schicht-Haufenwolken

Cumulus – Haufenwolken, Quellwolken

Cumulonimbus – Regenhaufenwolken

WETTERKARTEN-SYMBOLE

○ wolkenlos
◔ heiter (1/4 bedeckt)
◑ 1/2 bedeckt
◕ wolkig (3/4 bedeckt)
● bedeckt

∞ trockener Dunst durch Industrie oder Staub

= feuchter Dunst

≑ Bodennebel

≡ Nebel (Sicht unter 1 km)

⭤ Staub- oder Sandsturm

⭲ Schneetreiben

• Regen

ﬁ Nieseln (Sprühregen)

(•) Niederschlag in der Umgebung

✳ Schneefall

✳ Regen mit Schnee

⟷ Eisnadeln

▽ Schauer

△̲▽ Graupelschauer

▽ Hagelschauer

⦧ Gewitter

(⦧) Ferngewitter

⦗ Wetterleuchten

▪⟩ nach Regen

⦧ nach Gewitter

▲▲▲ Warmfront
▲▲▲ Kaltfront
▲▲▲ Okklusion

Windgeschwindigkeiten

◎ still oder sehr schwach

○— um 1 m/sek. (1–5 km/h)

○—\ um 2,5 m/sek. (6–13 km/h)

○—\ um 5 m/sek. (14–22 km/h)

○—\\ um 7,5 m/sek. (23–31 km/h)

○—\\ um 10 m/sek. (32–40 km/h)

○—\\\\ um 22,5 m/sek. (77–85 km/h)

○—\\ um 25 m/sek. (86–94 km/h)

Wolkenzeichen

⟍ Cirrus (Eiswolken, federförmig)

∿ Cirrostratus (Eiswolken, dünne schleierförmige Schichtbewölkung)

∿ Cirrocumulus (kleine Schäfchenwolken)

∠ Altostratus (Schichtwolken aus Eis und Wasser)

⫽ Nimbostratus (dichte Schichtwolken aus Eis und Wasser)

ω Altocumulus (dicke Schäfchenwolken aus Wasser)

⏝ Stratocumulus (geschichtete Quellwolkenbänke aus Wasser)

— Stratus (hochnebelartige geschlossene Wolkenschicht)

⌓ Cumulus (Quellwolken)

⌂ Cumulonimbus (Regen- und Schauerwolken, Gewitter)

∠ Altocumulus lenticularis (linsenförmige Wolken aus unterkühltem Wasser, Föhnwolken)

19

LUFTDRUCKMESSUNG MIT DEM TASCHENBAROMETER

Um eine präzise Luftdruckmessung zu erhalten, ist es notwendig, den momentanen Standort beizubehalten (also nicht höher oder tiefer zu steigen) oder anhand der Karte Auf- oder Abstiegsmeter exakt zu vermerken, um dann ein zusätzliches Steigen oder Fallen des Luftdrucks zu erkennen. Das Barometer kann deshalb auch als Höhenmesser verwendet werden.

> *Merke:* Mit zunehmender Höhe über dem Meer nimmt der Luftdruck ab.

Umrechnung: 1 Hektopascal (hpa) = 1 Millibar (mb)
1000 mb entsprechen 750 Millimeter (mm) Quecksilbersäule

LUFTDRUCKREGELN

1) Fallender Luftdruck am Ende einer Hochdruckperiode bringt erste Federwölkchen mit sich; diese verdichten sich dann und bedecken bald den ganzen Himmel bis zur Regenschichtbewölkung. Nachfolgend starker Regen.
2) Rasch fallender Luftdruck *im Sommer* hat meist Gewitter mit Beendigung der Schönwetterlage zur Folge.
3) Fallender Barometerdruck bei *anfänglich hohem* Luftdruck bringt, solange der Wind aus ost- bis südöstlicher Richtung weht, noch keine Wetterverschlechterung.

Die ersten gegen ein umfangreiches Hoch anlaufenden Regen- und Schneefronten verlieren oft an Kraft; erst die nächsten Fronten bringen stärkeren Niederschlag.

4) Bei anhaltend tiefem Barometerstand (10 bis 30 hpa unter dem Mittelwert von 1013,2 hpa) wechselt das Wetter bei westlichen Winden zwischen sonnig-trockenen Abschnitten im Zwischenhoch und häufigen Niederschlägen mit Wind und Abkühlung.

5) Eine Schönwetterlage ist von Bestand, solange das Barometer hohen Luftdruck anzeigt; hierbei im Winter oft Dunst, Nebel und Smog im Flachland. Im Bergland oberhalb der austauscharmen Grundschicht aber hervorragende Fernsicht und wolkenloser Himmel. Der leichte Luftdruckabfall von 1 bis 2 hpa in der Zeit von etwa 4.00 Uhr morgens und besonders gegen 16.00 Uhr nachmittags ist tageszeitlich bedingt und ohne Auswirkung auf eine Wetterveränderung.

6) Sehr rasch steigender Luftdruck ist oft nicht von langer Dauer; nach dem Zwischenhoch folgt dann meist ein rasches Tief.

7) Langsamer, aber stetiger Druckanstieg signalisiert dagegen den Aufbau einer beständigen Hochdruckphase.

DIE ZIRKULATION IM HOCH- UND TIEFDRUCKGEBIET

– Das Wetter im Tief ist meist durch starke Bewölkung und Niederschlag an den Wetterfronten gekennzeichnet.

– Hochdruckzonen sind meist mit trockenem und wolkenarmem Wetter verbunden (abgesehen von Boden-

und Hochnebel in den Frühlings-, Herbst- und Winter-
monaten).

> *Merke:* Der Wind weht immer entlang den Isobaren
> (Linien des gleichen Luftdrucks)

Zirkulation um ein
Tief auf der nörd-
lichen Halbkugel:
spiralförmiges *Ein-*
strömen ins Tief
hinein (immer links
herum, *entgegen-*
gesetzt dem Uhr-
zeigersinn!).

Zirkulation um ein
Hoch – ebenfalls auf
der nördlichen
Halbkugel –: spiral-
förmiges *Aus-*
strömen aus dem
Hoch hinaus
(immer rechts
herum, also *im*
Uhrzeigersinn!).

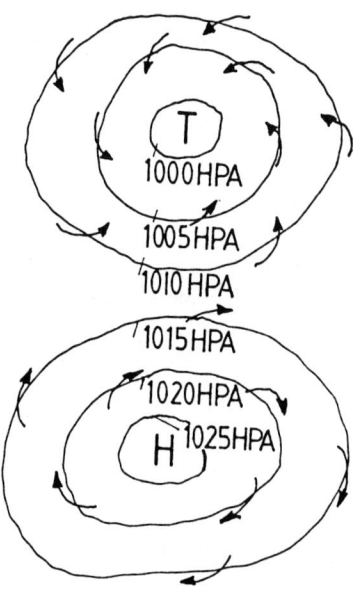

Anmerkung zur Zeichnung:
Isobaren werden meist von 5 zu 5 hpa gezeichnet. Das
Hoch in der Beispielzeichnung hat eine Kernisobare von

1025 hpa, d. h. alle Orte auf diesem Kreis verzeichnen den selben Luftdruck von 1025 hpa.

WINDREGELN (bezogen auf Mitteleuropa)

– Wind vom Meer (aus SW, W oder NW) ist niederschlagsreich, da er Feuchtigkeit von der Wasserfläche aufnimmt.
– Westwetter bedeutet wechselhaftes, im *Winter* mildes Wetter, im *Sommer* kühle Temperaturen.
– SW-Wind auf der Vorderseite (Ostseite) eines von Westen her sich nähernden Tiefs bringt oft anhaltenden Warmfrontniederschlag – im Sommer Gewitter – mit sich.
– Südwind: mildes Wetter in allen Jahreszeiten.
– Nordwind dagegen bringt im Sommer wie Winter kaltes Wetter.
– Ostwind: im Sommer trockenes, heißes Wetter, im Winter sehr niedrige Temperaturen.

Anmerkung: Diese Regeln beziehen sich auf die *Nordhalbkugel.*

Merke: – durch die größere Reibung über Land ist die Windgeschwindigkeit über Wasserflächen immer höher
– mit zunehmender Höhe nimmt auch die Windgeschwindigkeit zu.
– wenn man den Wind im Rücken hat – also der Wind gegen den Rücken weht –, liegt das Tief links, das Hoch rechts.

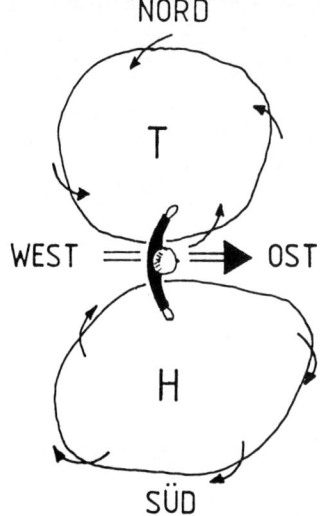

Der Wind weht von Westen her (man steht mit dem Rücken zum Westen, das Gesicht zeigt nach Osten), also liegt das Tief im Norden, das Hoch im Süden.

WINDGESCHWINDIGKEITEN

Definition	Erklärung	Wetterkarten-Zeichen	km/h	m/s	kn	Stärke nach Beaufort
Windstille	Keine Luftbewegung		0–1	0–0,2	0–1	0
sehr schwacher Wind	nur an ziehendem Rauch erkennbar		1–5	0,3–1,5	1–3	1
schwacher Wind	Wind im Gesicht spürbar		6–11	1,6–3,3	4–6	2
leichter Wind	Blätter bewegen sich		12–19	3,4–5,4	7–10	3
mäßiger Wind	kleine Zweige bewegen sich		20–28	5,5–7,9	11–15	4
stärkerer Wind	Größere Zweige bewegen sich		29–38	8–10,7	16–21	5
starker Wind	Große Zweige bewegen sich		39–49	10,8–13,8	22–27	6
sehr starker Wind	schwächere Bäume bewegen sich		50–61	13,9–17,1	28–33	7
stürmischer Wind	Große Bäume bewegen sich, Zweige brechen ab		62–74	17,2–20,7	34–40	8
Sturm	Leichte Gegenstände werden aus ihrer Lage gebracht		75–88	20,8–24,4	41–47	9
Schwerer Sturm	Bäume werden entwurzelt		89–102	24,5–28,4	48–55	10
Orkanartiger Sturm	Schwere Sturmschäden		103–117	28,5–32,6	56–63	11
Orkan	Verwüstungen		> 118	> 32,7	> 64	12

DER CHILL-FAKTOR (KÜHLEFFEKT DES WINDES)

Die nachfolgende Tabelle gibt einen Überblick über das Zusammenwirken von Kälte und Wind:

Luft-Temperatur in - °C	Windgeschwindigkeit in km/h							
	8	16	24	32	40	48	56	64
9	12	18	24	24	29	31	34	34
12	15	24	29	31	34	34	37	37
15	18	26	31	34	37	40	40	42
18	21	29	34	37	42	45	45	47
21	24	31	40	42	45	47	51	51
24	26	37	42	45	51	54	54	56
26	29	40	45	51	54	56	60	60
29	31	42	51	54	60	62	62	65
31	34	45	54	60	62	65	68	71
34	37	51	56	62	68	71	73	73
37	40	54	62	65	71	73	76	73
40	42	56	65	71	76	79	82	82
42	45	60	68	73	79	82	84	87
45	47	62	73	79	84	87	90	90
47	51	68	76	82	87	90	93	96
51	54	71	79	84	93	96	98	101

Die innerhalb des stark umrandeten Feldes eingetragenen Temperaturen sind gefährlich. Fleisch gefriert innerhalb einer Minute! Die Temperaturen − 60° bis − 101° C sind äußerst gefährlich. Fleisch gefriert innerhalb von 30 Sekunden.

Beispiel:

Bei einer Lufttemperatur von − 18° C und einer Windgeschwindigkeit von 48 km/h empfindet der Mensch Kälte von − 45° C!

DER WECHSEL ZWISCHEN LAND- UND SEEWIND

Während nachts der Landwind zur See weht, bläst tagsüber der Seewind zum Land (aus dem Hoch ins Tief).
Voraussetzung: generelle Sonneneinstrahlung.

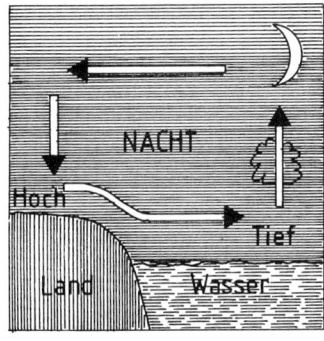

Nachts gilt:
Wolkenarmut über dem
Land im Absinkbereich
des Hochs sowie Wolken-
bildung (Quellwolken)
über der See im Tief.

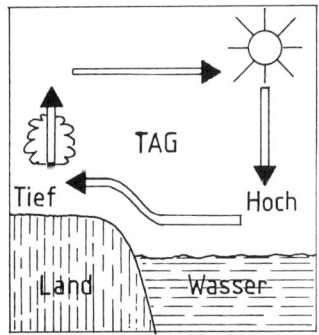

Tagsüber herrscht Wolkenarmut über der See im
Absinkbereich des Hochs;
Wolkenbildung dagegen
über dem Land im „Hitze-
tief".

27

2. Wind- und Wetterschutz

VERHALTEN BEI GEWITTER

Gewitterentfernung
Zählen der Sekunden zwischen Blitz und Donner:
das Ergebnis durch 3 geteilt ergibt die Entfernung in Kilometer (der Schall legt in der Sekunde 333 Meter zurück).
Bei 6 Sekunden Differenz vom Blitzeinschlag bis zum Donner hieße dies: 6 Sek. : 3 = 2 Kilometer.

Vorsichtsmaßnahmen
- alle Metallstücke ablegen, ebenso metallische Gegenstände meiden (Weidezäune, Schienen, Motorräder, usw.)
- geschlossene Autos (keine Cabriolets!) gelten als sicher (Faradayischer Käfig)
- offene Wasserflächen sofort verlassen
- bei Segelbooten: versuchen den Mast zu erden, d. h. eine Metallverbindung vom Mast zum Wasser herstellen (z. B. starkes Kabel oder Drahtseil)
- feuchte Stellen – auch nasse Felsen – im Gelände meiden
- nicht über die Umgebungshöhe hinausragen
- beste Schutzstellung: Hockstellung mit angezogenen Beinen auf trockenem Untergrund; beide Füße dicht zusammennehmen.

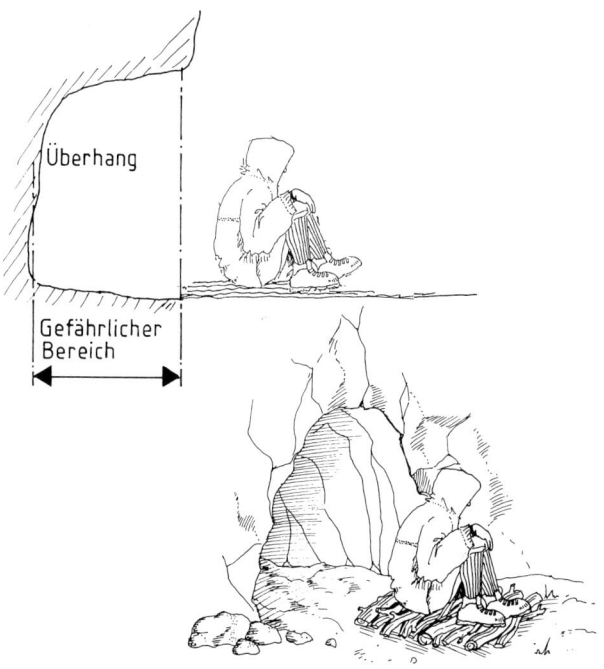

Überhang

Gefährlicher Bereich

- Im Gebirge sich sofort über *mehrere* Einzelselbst-Sicherungen (s. S. 145, 153) sichern, da der Blitz eine Seilverbindung abschlagen kann. Vorsicht bei nassen Seilen!
- Vorsicht vor Erdströmen: nicht direkt unter einzelliegenden Felsblöcken, Höhlen oder Überhängen Schutz suchen. Es ist besser, 2–3 Meter davor in Hocksitz-Stellung abzuwarten.
- Beim Einwickeln in eine Rettungsdecke sollte diese Bodenkontakt haben.

LAWINENGEFAHR

Grundsätzliches:
– Nord-, Nordost- und Osthänge sind lawinengefährdet.
– bei Hangneigungen zwischen 25° und 45° ist die Lawinengefahr am größten.
– unterhalb von Schluchten und Rinnen ist man stärker gefährdet.
– ab 20 bis 30 cm Neuschnee ist mit Lawinengefahr zu rechnen.
– bei vorherrschendem Föhn oder rascher, sonstiger Lufterwärmung ist mit starker kurzzeitiger Lawinengefahr zu rechnen.
– eingeschneiter Oberflächenreif und Schwimmschnee sind gefährliche Gleitschichten.
– lichte Wälder bieten meist keinen ausreichenden Lawinenschutz.
– windbedingte Packschnee-Ablagerungen bilden Schneebretter.
– Hohlräume im Schneeprofil sind gefährlich; diese kommen oft bei staudenartigem Unterwuchs (z. B. Heidelbeeren) vor.
– Lawinengefahr besteht auch beim Spuren, wenn der Schnee mit dumpfen „Wwummf-Geräusch" bricht.

> *Merke:* Besser übertriebene Vorsicht als gefährliches Heldentum!

Verhalten in lawinenverdächtigem Gelände:
– Falls Verschütteten-Sende- und -Suchgerät (VS-Geräte) vorhanden, die einwandfreie Funktion vor Inbetriebnahme prüfen.

30

- Lawinenschnur am Körper befestigen, zur Not improvisieren.
- alle Gurte am Körper lösen (Rucksack-Hüftgurt, Stockschlaufen, Fangriemen).
- zusätzlich warme Kleidung anziehen (Handschuhe, Pullover; Anorak-Kapuze tragen).
- die Spur immer außerhalb verdächtiger Hänge anlegen, auch wenn man dadurch Umwege oder stärkeren Energieverbrauch in Kauf nehmen muß.
- wenn möglich, sollte sich immer nur ein Mitglied der Gruppe im gefährdeten Hangbereich aufhalten.

> *Merke:* Ein lawinengefährdetes Gebiet wird, falls man es nicht umgehen kann, schnell, einzeln und so hoch wie möglich gequert!

Maßnahmen bei Fremdverschüttung
1) Lawinenabgang genau beobachten.
2) nach Stillstand der Schneemassen den Punkt des letzten Aufenthaltes der betroffenen Person markieren.
3) falls die Gefahr von weiteren Lawinen besteht, einen Warnposten in sicherem Gelände aufstellen.
4) sind ausreichend Helfer vorhanden, sofort einen Kameraden ins Tal schicken; genaue Ortsangaben ausmachen (Karte, Kompaß, Höhenmesser, Peilung).
5) die Suche *sofort* beginnen – es geht um Minuten. Schematisch suchen! Das Suchgebiet einteilen und markieren. Sind keine Lawinensonden und VS-Geräte vorhanden, sind zur Suche Skistöcke, Pickel, Zeltstangen oder Äste zu benutzen.
6) ist das Opfer gefunden, sofort den Kopf freilegen, Mund

und Nase reinigen. Beruhigend auf den Verunfallten einwirken (auf Schock achten!).

7) falls das Opfer nicht bei Bewußtsein ist, *sofort* mit künstlicher Beatmung und eventuell Herzmassage beginnen (siehe Medizinteil – Schock, Brüche, Erfrierungen – S. 67).

Hilfe bei Selbstverschüttung

1) beim Erkennen der Lawine sich sofort von allen Ausrüstungsgegenständen lösen (Rucksack, Ski, Skistöcke usw.). Falls Bäume oder Sträucher in der Nähe sind, versuchen sich festzuklammern.

2) ist man mit Skiern unterwegs, unter Umständen eine Schußfahrt wagen, um aus dem Gefahrenbereich herauszukommen.

3) versuchen, mit Schwimm- und Stemmbewegungen an der Lawinenoberfläche zu bleiben.

4) bei Verschüttung probieren, eine Kauerstellung einzunehmen. Atemfreiraum vor dem Gesicht schaffen.

5) Ruhe bewahren, Sauerstoff sparen.

6) hört man Geräusche von Helfern und Hunden, besteht die Wahrscheinlichkeit, daß das eigene Rufen *auch* gehört wird.

3. Orientierung

DIE DEKLINATION (MISSWEISUNG)

Die Erde dreht sich um den geografischen Nordpol. An diesem Punkt treffen sich auch die Längengrade.
Die Nadel des Kompasses richtet sich allerdings nach dem magnetischen Nordpol, genauer genommen nach den magnetischen Meridianen, die nicht geradlinig, sondern kurvenförmig verlaufen. Die Abweichung der Kompaßnadel von der geographischen Nord-Süd-Linie wird Mißweisung oder Deklination genannt und in Grad (°) Ost oder West

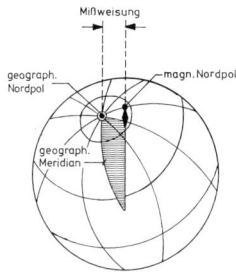

angegeben. Sie ist entweder in der Kartenlegende angegeben oder direkt als „Linien gleicher Mißweisung" in die Karte eingezeichnet.

Magnetischer Norpol   MN
Geografischer Nordpol   TN (engl. True North)
Deklination (Mißweisung)   engl. Variation

Lage des magnetischen und geografischen Nordpols

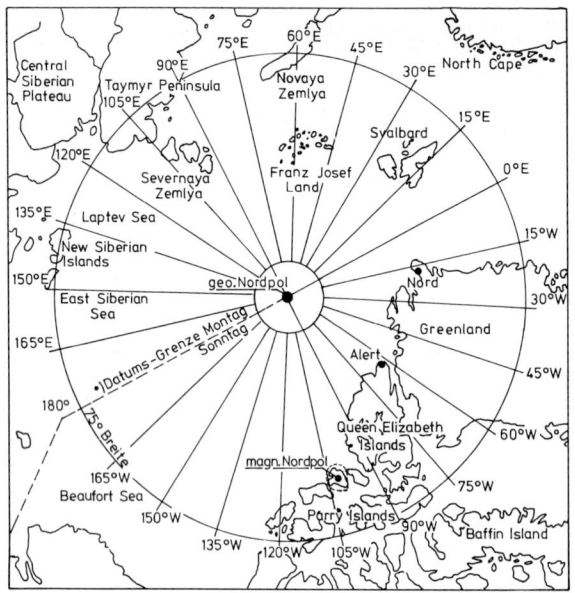

*) Internationale Datums-Grenze. Beim Passieren der Datums-Grenze nach Westen muß ein Tag weiter gerechnet, beim Passieren nach Osten ein Tag abgezogen werden.

Die Deklination entspricht dem Winkel am Ort des Betrachters der Karte zwischen dem geografischen Nordpol (TN) und dem magnetischen Nordpol (MN). Das heißt: Meine Kompaßnadel weicht also um die angegebene Deklination von der geografischen N-S Linie ab.

Für die nachfolgenden Beispiele wird zur Vereinfachung davon ausgegangen, daß die Kompaßnadel genau zum magnetischen Nordpol zeigt, um so die nötigen Umrechnungen leichter zu erklären und zeichnerisch darzustellen.

Beispiel A

1) Deklination WEST

   Der magnetische Nordpol (MN) liegt für den Betrachter westlich vom geografischen Nordpol (TN), also auf der Karte links von der Nord-Süd Linie.

   Somit ist bei Deklination West der Betrag der magnetischen Peilung um den Wert der Deklination größer als die Peilung bezogen auf den geografischen Nordpol (TN).

   Nord-Süd Linie (N/S) = Richtung geografischer Nordpol (TN)

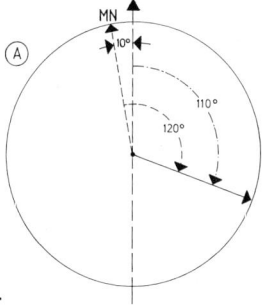

Deklination 10° WEST
Magnetische Peilung 120°
Kartenpeilung =
120° − 10° = 110°
Magnetische Peilung
minus Deklination =
Kartenpeilung
120° − 10° = 110°

Das heißt: Kompaß zeigt 10°
mehr an, als Peilung auf Karte.

35

Beispiel B

2) Deklination OST

In diesem Fall liegt der magnetische Nordpol östlich
vom geografischen Nordpol (TN).
Auf der Karte somit rechts von der N/S Linie.

Deklination 10° OST (engl. EAST)
Magnetische Peilung 100°
Magnetische Peilung
plus Deklination
= Kartenpeilung
100° + 10° = 110°

Das heißt: Kompaß zeigt 10°
weniger an, als Peilung auf Karte.

Merke: Kompaßpeilung ist bei

Deklination West größer
Deklination East kleiner

als die Kartenpeilung.

Merke: **Jahresveränderungen beachten!**

Die Missweisung oder Deklinationsänderung wird bei guten Karten angegeben.

2. Beispiel

Auf der Karte kann stehen:

1988 4° West, pro Jahr um 1° abnehmend
      (Deklinationsänderung pro Jahr 1°)
      was nun z. B. für
1991 nur noch 1° West bedeuten würde.

DEKLINATIONSKARTE DER ERDE

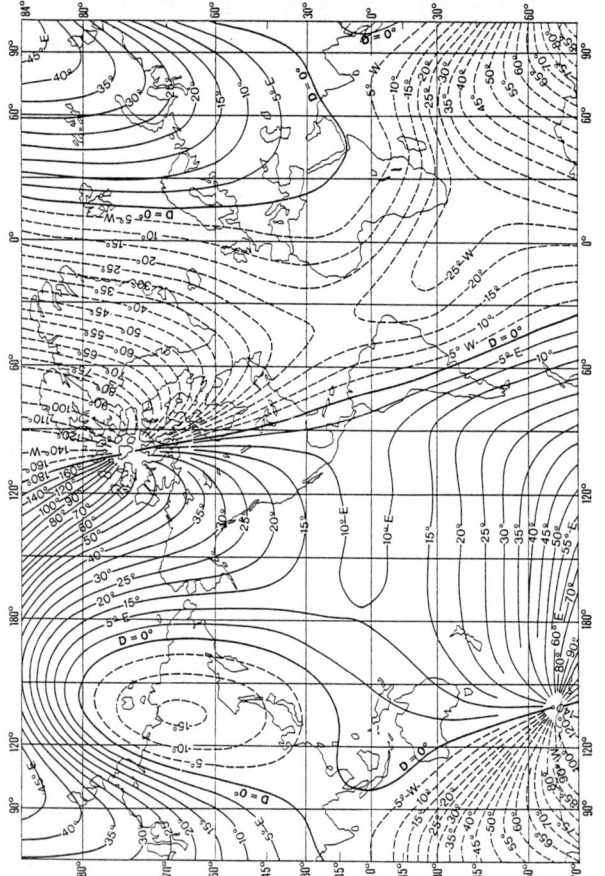

FESTSTELLEN DER MARSCHZAHL

Die Marschzahl ist der Winkel zwischen *Marsch*richtung und der *Nord*richtung.
Beispiel: Marschzahl 160

360° Kompaß
Norden = 360°/0°
Osten = 90°
Süden = 180°
Westen = 270°

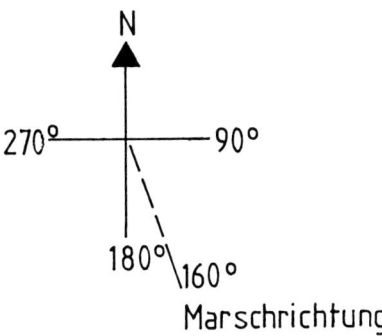

Marschrichtung

DIE UHR ALS KOMPASS

Der Stundenzeiger (kleiner Zeiger) muß zur Sonne zeigen. Süden entspricht dann der Winkelhalbierenden zwischen Zeiger und „12⁰⁰ Uhr" (Sommerzeit beachten).
Bei Benutzung einer Digitaluhr malt man sich eine „Zeigeruhr" auf, indem man den Stundenwinkel einzeichnet.

> *Merke:* Diese Berechnung hat Gültigkeit für die nördliche Erdhalbkugel.
> Auf der Südhalbkugel muß die Winkelhalbierende zur 6 genommen werden.

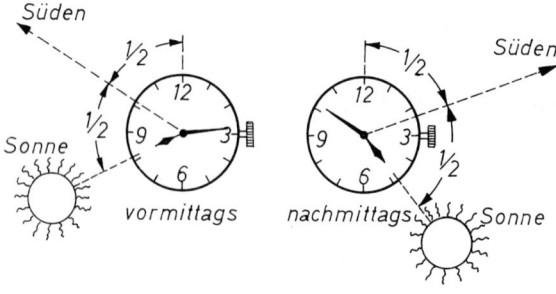

ERMITTLUNG DES EIGENEN STANDORTES

Notwendig ist eine Karte sowie zwei markante Punkte im Gelände, die man in der Karte wiederfindet (z. B. Berggipfel, Sendemast o. ä.). Beide Punkte werden mit dem Kompaß angepeilt. Die ermittelten Winkel (Marschzahl) werden in

40

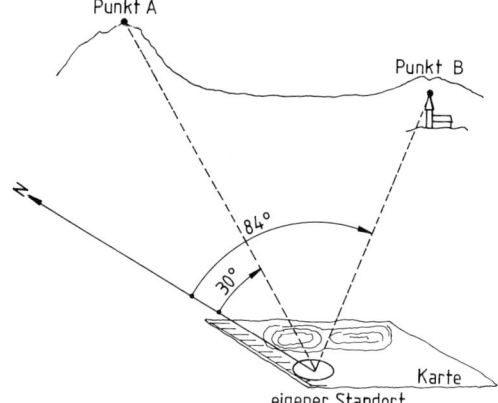

die Karte übertragen. Der Schnittpunkt der beiden Winkelgeraden ist der eigene Standort.

BESTIMMEN EINES UNBEKANNTEN PUNKTES IM GELÄNDE BEI BEKANNTEM STANDORT

Anpeilen des gesuchten Punktes und Übertragen des ermittelten Winkels (Marschzahl) von dem eigenen Standort ausgehend in die Karte. Der gesuchte Punkt liegt dann

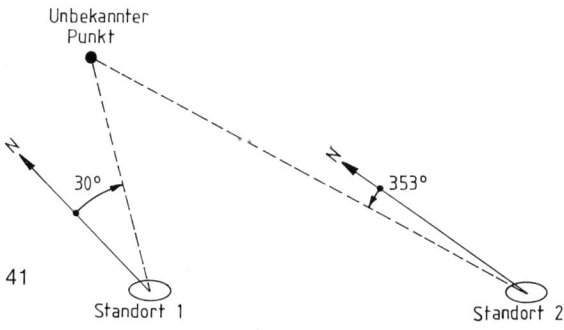

41

Maßstab 1:100 000 0
1 cm = 1 km

irgendwo auf der Winkelgeraden. Zur exakten Bestimmung des gesuchten Punktes wird dieser von einem zweiten bekannten Standort erneut angepeilt. Der Punkt liegt so auf der Schnittstelle beider Winkelgeraden.

UMGEHEN VON HINDERNISSEN

Hindernisse sollten in uneinsichtigem Gelände mit der 60° oder der 90° Methode umgangen werden.
Bei der 90° Methode müssen die Strecken A und C gleich lang sein.
Bei der 60° Methode müssen die Strecken A und B gleich lang sein.
Die Streckenlänge muß sehr genau durch Zählung der möglichst gleich großen Schritte ermittelt werden.

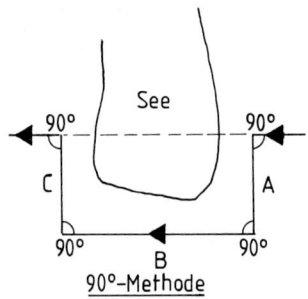

90°-Methode

Maßstab 1:50 000
1 cm = 500 m

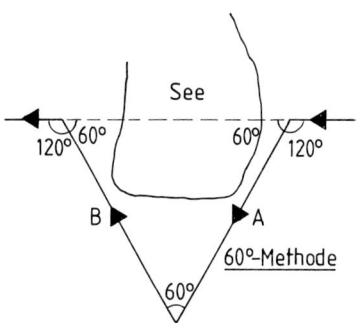

Falls durch bestimmte Geländeeigenschaften die 60°- oder 90°-Methode nicht anwendbar ist, sollte der Weg gekoppelt werden mit Hilfe einer Wegskizze. Dabei entsprechen 100 Schritt 1 cm auf der Skizze. Die Hauptrichtung wird dabei von der Karte übertragen.

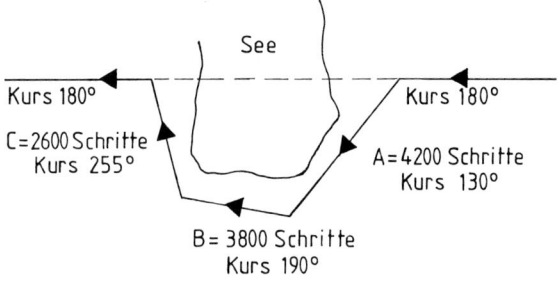

Merke: vor Beginn der Wanderung die eigene Schritt-
länge unter verschiedenen Geländebedin-
gungen ausmessen!

43

Maßstab 1:25 000
1 cm = 250 m

DIE BREITENMESSUNG

Um festzustellen, wie breit z. B. ein Fluß ist (z. B. um die Länge des benötigten Seiles oder der Bäume für eine Überquerung auszurechnen), gibt es folgende einfache Methode:

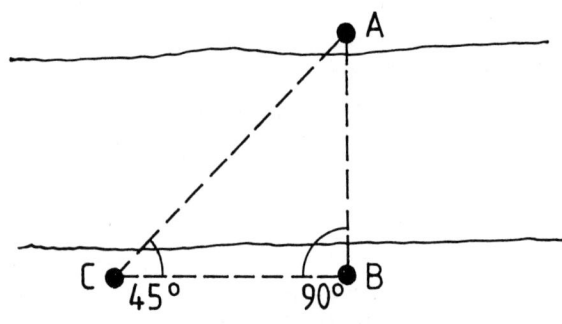

1. Punkt A suchen (Stock, Stein, Mensch)
2. Punkt B festlegen
3. Punkt C suchen. Er liegt im rechten Winkel zur Strecke AB. Punkte A und B werden im 45° Winkel gepeilt.
4. Die Länge der Strecke CB ist gleich der Strecke AB.

44

Maßstab 1:10 000
1 cm = 100 m

UMRECHNUNG VON KOMPASSWINKELANGABEN

Kompasse werden weltweit mit verschiedenen Kreisteilungen angeboten:

360°-System: Osten = 90°
Süden = 180°
Westen= 270°
Norden= 360°
oder 0°

400°-System: Osten = 100°
Süden = 200°
Westen= 300°
Norden= 400°
oder 0°

Das Natosystem hat eine Einteilung in 6400 Einheiten:

Osten = 1600
Süden = 3200
Westen= 4800
Norden= 6400
oder 0

Umrechnungstabelle:

360°	400°	6400
1°	1.1°	17.8
2°	2.2°	35.6
3°	3.3°	53.3
4°	4.4°	71.1
5°	5.6°	88.9
10°	11.1°	177.8
15°	16.7°	266.7
20°	22.2°	355.6
25°	27.8°	444.4
30°	33.3°	533.3
35°	38.9°	622.2
40°	44.4°	711.1
45°	50.0°	800.0
50°	55.6°	888.9
60°	66.7°	1066.7
70°	77.8°	1244.4
80°	88.9°	1422.2
90°	100.0°	1600.0

45

Maßstab 1:5 000
1 cm = 50 m

4. Karte und Gelände

VERSCHIEDENE KARTENMASS-STÄBE

Je nach Kartenmaßstab ist die zu übertragende Entfernung im Gelände verschieden.

1 Zentimeter in der Karte entspricht:		1 Kilometer im Gelände entspricht:
Maßstab	Gelände	Karte
1 : 5.000	50 m	20 cm
1 : 10.000	100 m	10 cm
1 : 20.000	200 m	5 cm
1 : 25.000	250 m	4 cm
1 : 50.000	500 m	2 cm
1 : 100.000	1000 m	1 cm
1 : 200.000	2000 m	0,5 cm
1 : 500.000	5000 m	0,2 cm
1 : 1.000.000	10000 m	0,1 cm

BEDEUTUNG DER HÖHENLINIEN

Alle Geländeformen (Berge, Täler) werden auf Landkarten mit Höhenlinien dargestellt. Jede 10. Linie ist stärker gedruckt und mit der entsprechenden Höhenangabe versehen; je enger die Linien beieinanderliegen, desto steiler ist der Hang:

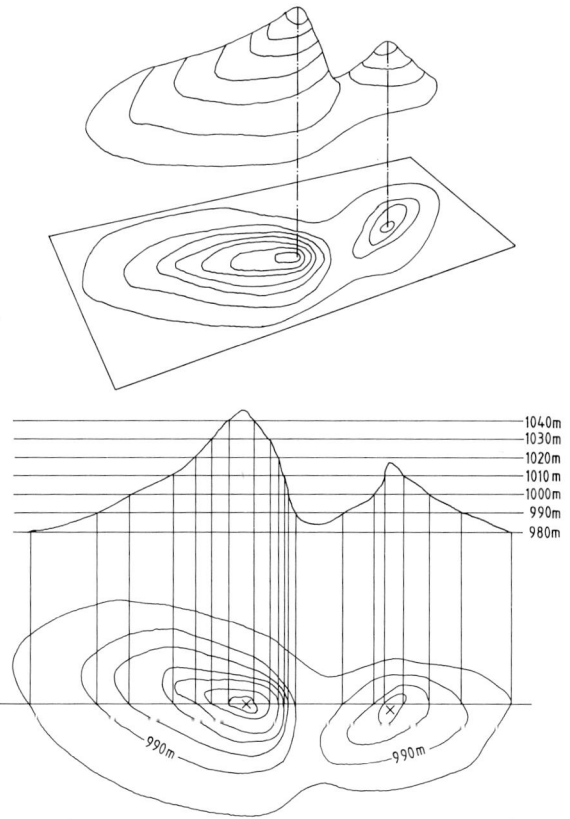

Ausgehend vom Maßstab der Karte sowie der Höhenlinien-Differenz (Äquidistanz –wird in der Karte angegeben–), kann man über den Abstand der Linien den Steigungswinkel errechnen.

Formel: $\dfrac{\text{Höhenunterschied in Meter x 10.000}}{\text{Höhenlinienabstand in cm x Maßstab}}$ = Steigung in %

Beispiel:
Kartenmaßstab 1 : 25.000
Höhenunterschied 60 m (6 Höhenlinien à 10 m)
Höhenlinienabstand für diese 60 Höhenmeter auf der Karte: 1,4 cm

$\dfrac{60 \times 10.000}{1,4 \times 25.000} = 17,1\,\%$ (Steigung), d. h., man muß auf 100 Meter waagrechte Wegstrecke 17,1 Meter aufsteigen.

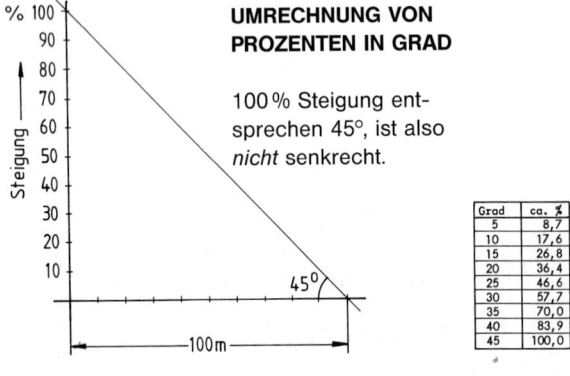

UMRECHNUNG VON PROZENTEN IN GRAD

100 % Steigung entsprechen 45°, ist also *nicht* senkrecht.

Grad	ca. %
5	8,7
10	17,6
15	26,8
20	36,4
25	46,6
30	57,7
35	70,0
40	83,9
45	100,0

48

BENÖTIGTE ZEIT BEIM MARSCH

In der Ebene läuft der Mensch in hindernisfreiem Gelände etwa 5 Kilometer in der Stunde bzw. kann in dieser Zeit ca. 300 Höhenmeter aufsteigen.
Der Zeitaufwand aus Marschstrecke und Höhenunterschied läßt sich daher ganz einfach ausrechnen:

Beispiel:
7,5 Kilometer auf 600 Meter Höhenunterschied ergeben einen Zeitaufwand von 90 min. + 120 min. = 210 min.
Sicherheitsfaktor einkalkulieren!

DIE HÖHENMESSUNG

Um die Höhe von Bauwerken, Bäumen oder sonstigen Objekten im Gelände zu errechnen, gibt es folgende Methode:
1. Man wählt einen Punkt, der eine bestimmte Entfernung (durch Abschreiten ermitteln), zu dem zu messenden Objekt hat.
2. Ein Stock von bekannter Länge wird in die Erde gesteckt.
3. Über die Spitze des Stockes wird die Spitze des Objektes angepeilt.

Die Höhe des Gegenstandes kann nun nach folgender Formel berechnet werden:

$$H = \frac{A \times h}{a}$$

Achtung: Immer die gleiche Maßeinheit benutzen, z. B. alles in m bzw. Schritten einsetzen!

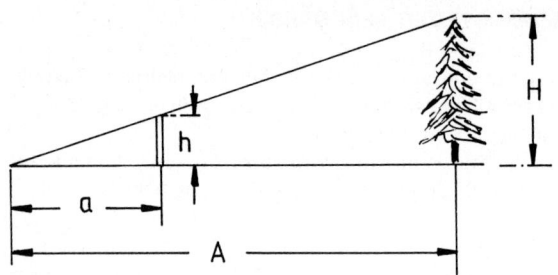

Bei geneigtem Gelände ist die Formel identisch.
Der Stock muß lediglich parallel zur Höhe H stehen.

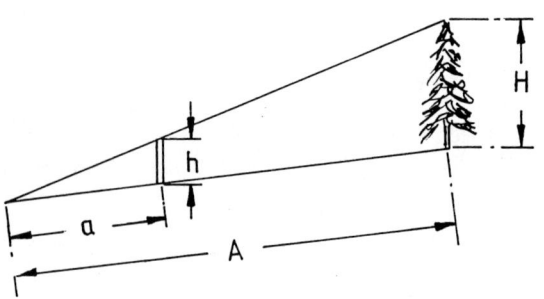

ORIENTIERUNG NACH DEM NORDSTERN

Die einfachste Methode der Orientierung bei Nacht bietet
der Nord- oder Polarstern. Um ihn zu finden, bedient man
sich des „Großen Wagens": Die 5–6fache Verlängerung
der hinteren „Ladeklappe" nach oben zeigt auf den Polarstern und somit nach Norden.

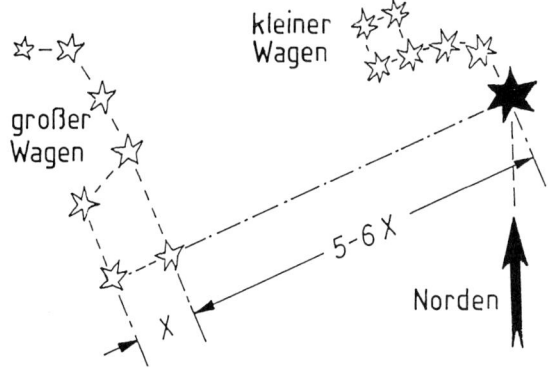

Der Höhenwinkel alpha des Nordsterns entspricht ungefähr der geographischen Breite des eigenen Standortes.

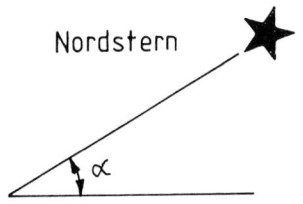

DIE VERSCHIEDENEN MONDPHASEN

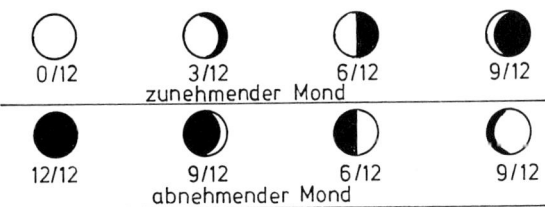

Ein Mondzyklus dauert 28,8 Tage.

5. Wassergewinnung und -aufbereitung

WASSERGEWINNUNG IN HEISSEN GEBIETEN

- Ein Loch ausheben: wenn möglich, mit wasser- oder feuchtigkeitsenthaltenden Gegenständen füllen, z.B. Äste, Gras usw.
- Eine weitere Möglichkeit: Urin oder Kühlwasser des Fahrzeugs (auch wenn es mit Frostschutz vermischt ist) in die Grube geben.
- Das Naß entweder in Behältnisse füllen oder auf Gewebe-(Bekleidungs-)teile gießen, um Versickern zu vermeiden.

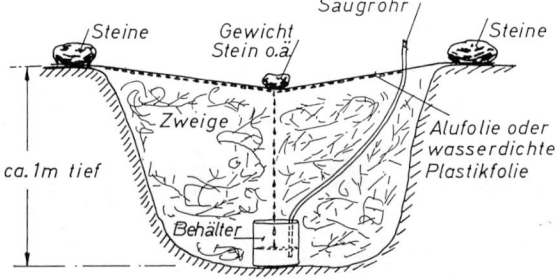

> *Merke:* Um die Grube auszuheben, benötigt der
> Mensch mehr Flüssigkeit als er gewinnen
> kann!
>
> Deshalb: alle Arbeiten in heißen Klimazonen *nur nachts*
> erledigen; tagsüber Schatten aufsuchen,
> wenig bewegen.
> Vorsicht vor Sonnenbrand und Hitzschlag!

SÜSSWASSERGEWINNUNG AUS SALZWASSER

– mit Hilfe der Sonne

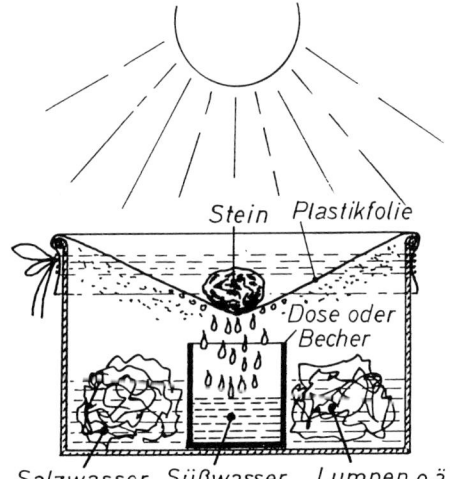

– unter Zuhilfenahme
eines Kochers

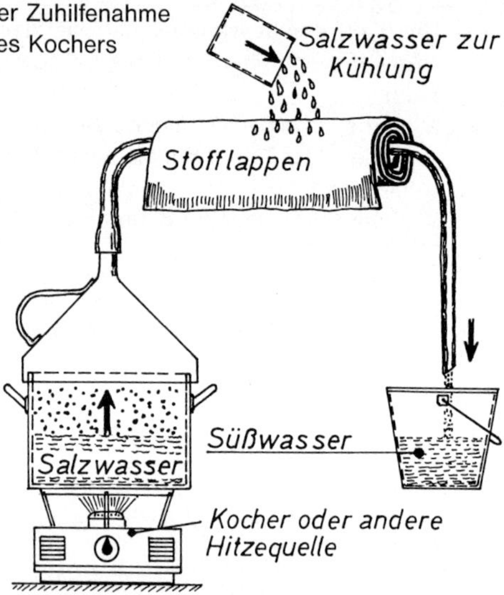

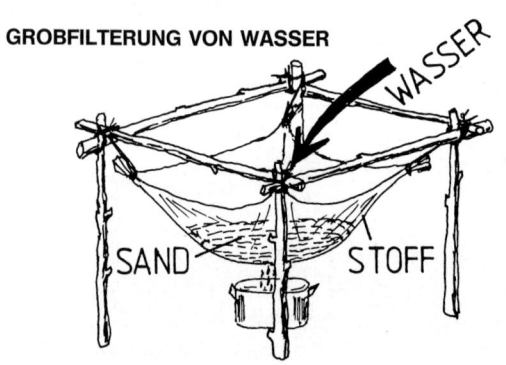

*Salzwasser zur
Kühlung*

Stofflappen

Salzwasser

Süßwasser

*Kocher oder andere
Hitzequelle*

GROBFILTERUNG VON WASSER

WASSER

SAND   STOFF

FEINFILTRIERUNG

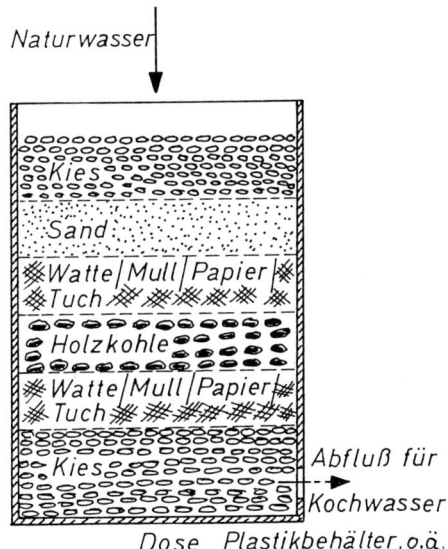

Naturwasser

Kies

Sand

Watte / Mull / Papier
Tuch

Holzkohle

Watte / Mull / Papier
Tuch

Kies

Abfluß für
Kochwasser

Dose, Plastikbehälter, o.ä.

TIPS ZUR WASSERREINIGUNG:

1. nach Grundwasser graben, vor weiterer Verwendung Schmutz absetzen lassen
2. Grobfilterung
3. Feinfiltern mit Holzkohle vom Lagerfeuer (wirkt als sehr aktives Filterelement)

oder

– Abkochen; Kochdauer dabei mindestens 10 Minuten.

55

> *Merke:* in größeren Höhen kocht das Wasser früher;
> es erreicht daher nicht mehr die erforderlichen
> 100° Celsius beim ersten Sprudeln, da der
> Luftdruck geringer ist.

– Anwendung von Jod: 1 Tropfen Jod auf einen Liter
  Wasser; anschließend 1 Stunde
  warten.
– Kaliumpermanganat: gute desinfizierende Wirkung;
  die anschließende Blaufärbung
  des Wassers ist *normal*.

6. Feuer

GRUNDLEGENDES

- Das Feuer nicht größer als dem Verwendungszweck entsprechend anlegen (Kochfeuer kleinhalten, *Wärme*feuer je nach den Umständen größer anlegen).
- Den Boden rund um das Feuer im Abstand von mindestens 2 Metern von brennbaren Materialien säubern.
- Die Feuerstelle mit Steinen abgrenzen oder das Feuer in einer Erdgrube anlegen.
- Auf Funkenflug achten.
- Eventuellen Schnee auf Zweigen über dem Feuer vorher entfernen.
- Grasnarbe ausstechen, die Stücke beiseite legen. Nach dem Löschen des Feuers Grasboden wieder einsetzen.
- Kein Feuer unbeaufsichtigt lassen.
- Bei schlechten Witterungsbedingungen schon vorher brennbares Material (Harz, Birkenrinde, trockene Holzstückchen usw.) sammeln und auf Vorrat mittragen.
- Vor dem Anzünden eines Feuers ausreichende Mengen Holz zusammentragen, vorbereiten, spalten und je nach Gegebenheit von der Rinde befreien (bei feuchtem Holz ist die Rinde generell zu entfernen).
- Löschen des Feuers mit Wasser, Sand, Erde, Steinen oder Urin.

> *Merke:* Je nach Untergrund (Walderde, Moor, Torf)
> kann das Feuer unterirdisch weiterbrennen und
> Waldbrände verursachen!

FEUERSTARTER

Als Feuerstarter können dienen: Birkenrinde, Verbandswatte, Kerzen, Esbit, Ölofenanzünder, von der Rinde befrei-
tes Reisig, trockene Rindenstücke, Vogelnester, Harz,
wachs-oder harzgetränkte Holzstückchen, Pulver von
Patronen, Wachspapier, mit Brennstoff getränkte Lappen,
Signalmunition usw.

ZUBEREITUNG VON BRENNHOLZ

– Holz wird immer in Faserrichtung gespalten.
– als Werkzeuge dienen: Axt, Machete, Messer oder
  *Hart*holzkeile.

Vorgehen beim Spalten mit einer Machete
Mit einem starken Ast auf den vorderen Teil des Schneide-
werkzeuges schlagen; Holz oder Stein unterlegen, sonst
federt das zu spaltende Material zu stark.

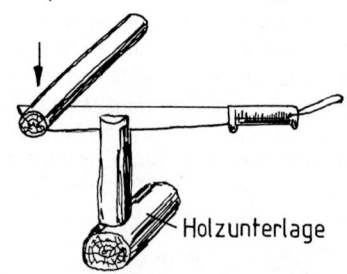

Holzunterlage

Spalten mit einem Hartholzkeil

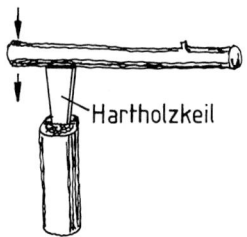

Hartholzkeil

FEUER OHNE STREICHHÖLZER

Möglichkeiten:
- Funken vom Feuerstein auf lockere Verbandswatte schlagen
- bei Sonne Vergrößerungsglas benutzen
- Signalmunition auf den Boden schießen, an der „Leuchtkugel" Zunder anstecken
- mittels Benzin und Batteriefunken (Plus- und Minus-kabel zusammenführen) bei Auto und Boot
- Zündkerze am Motor anschließen, auf Benzin funken lassen.

FEUERMACHEN MIT HILFE EINER FEUERINSEL

Eine „Feuerinsel" sichert sofort Glut von unten und schützt das empfindliche Feuernest vor Feuchtigkeit.
- Ist ein kleines Feuer entstanden, weitere dünne Holz-stücke nachlegen, so daß sich schnell genügend Glut bildet.
- Bei schlechten Bedingungen können weitere Harz-brocken auf die neuen Holzstückchen gelegt werden.

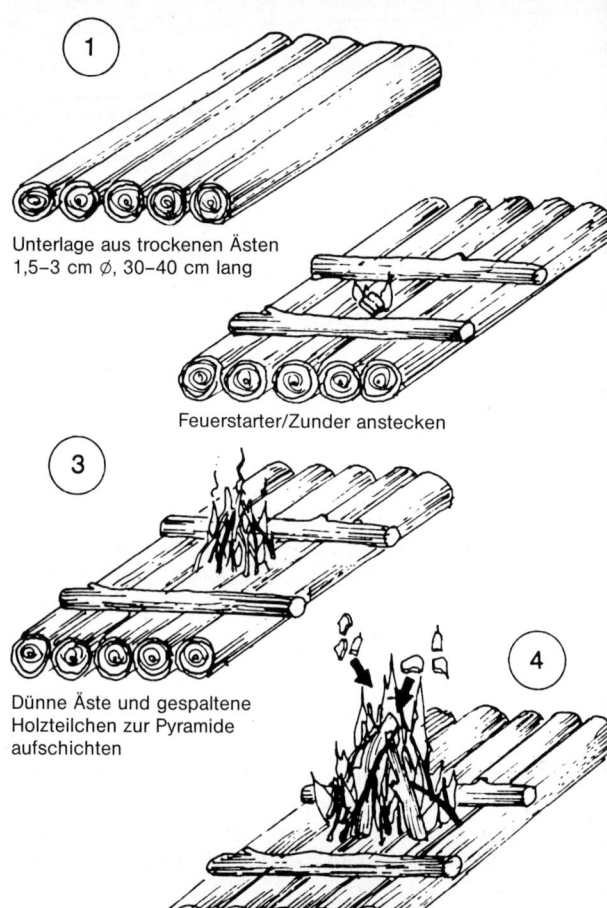

1 Unterlage aus trockenen Ästen 1,5–3 cm Ø, 30–40 cm lang

2 Feuerstarter/Zunder anstecken

3 Dünne Äste und gespaltene Holzteilchen zur Pyramide aufschichten

4 Auf die Spitze der Pyramide Wachs oder Harz legen. Es schmilzt und tränkt das Brennmaterial.

Kein Reisig zusammenknüllen, sondern jedes Hölz-
chen einzeln auflegen!

- Einen Kompromiß finden zwischen einem lockeren, luf-
tigen Feuer und einem Feuer, das zu ersticken droht!
- Wenn das Feuer brennt, immer in kleinen Schritten wei-
ter auflegen, erst kleine Äste, später größere Holz-
scheite.
- Wenn schon Glut vorhanden ist und das Feuer trotzdem
schlecht brennt, dem Feuer intensiv Luft zuführen (bla-
sen, Blasebalg, mit dem Hut oder der Isomatte wedeln).
- Gespaltene Äste brennen besser als runde Holzstücke.
- Wenn das Feuer auszugehen droht, Harzbrocken von
oben auf das Feuer legen oder Kerzenwachs in das
Feuer tropfen lassen.
- Kleinere Feuer vor Regen, Schnee und vor von den
Bäumen herabfallenden Schneebrocken schützen.
- Holzscheite am Lagerfeuerrand vortrocknen.
- Soll auf dem Feuer gekocht werden, warten bis genügend Glut vorhanden ist. Dann Holzscheite nicht mehr
pyramidenförmig anordnen, sondern flach auflegen
und parallel ausrichten, so daß eine gerade Fläche entsteht. Topf aber nicht direkt auf das Holz, sondern auf
zwei in entsprechendem Abstand quer liegende Holz-
stücke stellen, um das Feuer nicht wieder zu ersticken.

FEUERGRUBE ZUM SCHLAFEN

- eine Grube ausheben in der eigenen Körpergröße und
-breite; Tiefe ca. 25–40 cm.
- Entfachen eines starken Feuers über der gesamten
Fläche

- ein tiefes Glutbett (ca. 10 cm stark) schaffen
- Glutbett mit Erde abdecken
- auf Windschutz achten
- bei Bedarf zwei zusätzliche Feuer rechts und links vom Schlafenden entfachen, aber: auf Funkenflug achten!

EINFACHER REFLEKTOR

Jeder Reflektor dient dazu, die abgegebene Wärme eines Feuers zurückzugeben, sie zu reflektieren. Alle Reflektoren können mit Ausrüstungsgegenständen wie Poncho, Zeltplane, Pferdedecke, Isomatte usw. angefertigt werden, oder man bedient sich Ästen, Bäumen, Felsen, Holzstämmen oder Ähnlichem.

U-FÖRMIGER REFLEKTOR

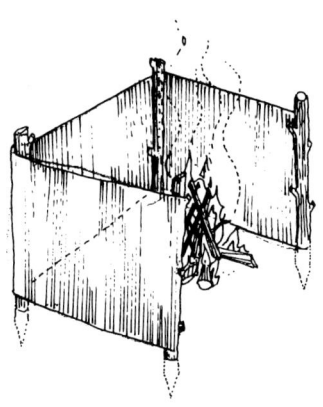

FEUERSTELLEN IN GESCHLOSSENEN UNTERKÜNFTEN

Bei allen Feuerstellen in geschlossenen (Not-)Unterkünften
ist zu beachten:
- ausreichendes Glutbett schaffen
- trockenes Holz verwenden
- regelmäßig kleine, trockene Stücke nachlegen
- Holz am Feuer vortrocknen
- Rauchabzug schaffen (Zu- und Abluft)
- bei mehreren Personen: Feuerwachen einteilen
- falls notwendig, am Feuer Steine erhitzen (keine Fluß-
  steine), um damit kalte Körperstellen zu wärmen
- sich eng aneinanderlegen, um sich gegenseitig zu
  wärmen
- Isolation gegen die Bodenkälte schaffen

7. Unterkünfte

DIE ZWEIGHÜTTE

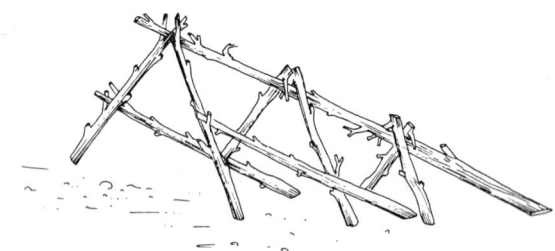

Als Hauptast kann auch ein liegender Baum, aber auch Draht oder ein Seil genommen werden.

„IGLU"-HÜTTE

Die Hütte wird aus dünnen, biegsamen Zweigen zusammengebunden oder geflochten (Durchmesser je nach Personenzahl 3 bis 4 m). Die Konstruktion kann mit Fellen, Zweigen, Planen oder Ponchos abgedeckt werden (Rauchablaß im Dach machen!)

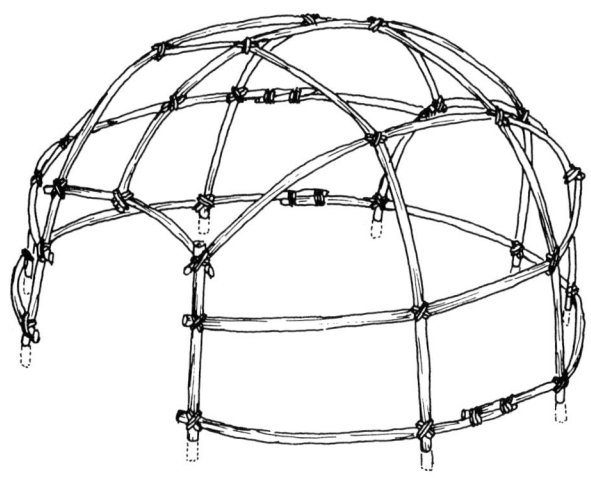

PONCHO-UNTERKUNFT

Die Plane oder der Poncho kann direkt an Bäumen oder Sträuchern befestigt werden, aber auch über ein Seil, einen Ast oder liegenden, dünnen Baum gespannt werden. Beim Poncho ist die Kapuze zu schließen (zubinden).

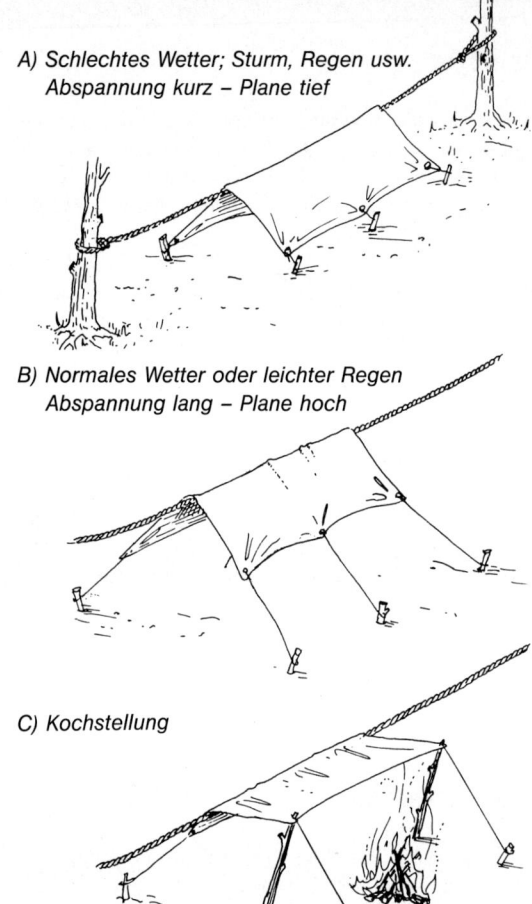

A) Schlechtes Wetter; Sturm, Regen usw.
   Abspannung kurz – Plane tief

B) Normales Wetter oder leichter Regen
   Abspannung lang – Plane hoch

C) Kochstellung

STANGENZELT

Die Größe eines Stangenzeltes ergibt sich
- aus dem vorhandenen Material
- der Personenzahl.

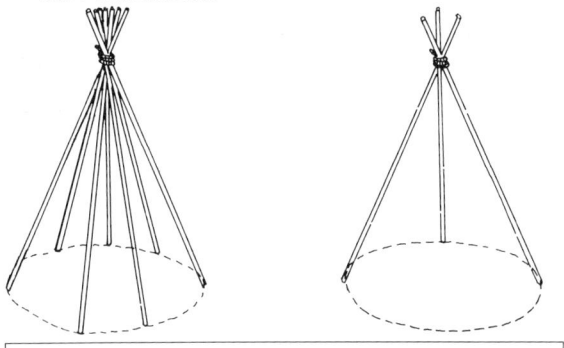

> *Merke:* Kleines Innenvolumen = wärmer
> Viel Innenvolumen = weniger Rauchentwicklung

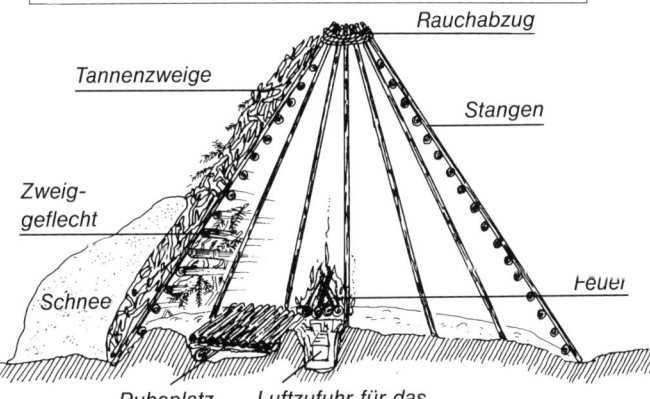

Rauchabzug

Tannenzweige

Stangen

Zweig-
geflecht

Schnee

Feuer

Ruheplatz   Luftzufuhr für das
Feuer (ca. 20 x 20 cm)

SCHNEEBEHAUSUNGEN

Die Art der Behausung ergibt sich aus
- der Schneehöhe,
- der Temperatur und
- der Schneebeschaffenheit.

Bei allen Schneehöhlen sollten die Sitz- oder Schlafplätze isoliert sein. Unbedingt Kälterinne anlegen! Durch kurze Erhitzung (Feuer oder Kocher) kann man die Höhle vereisen und damit stabiler machen. Spätere Heizung z. B. mit Kerze. Auf Frischluftzufuhr achten!

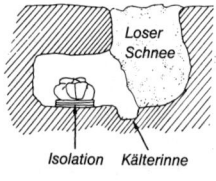

Loser Schnee

Isolation   Kälterinne

Kälterinne   Schneeblöcke

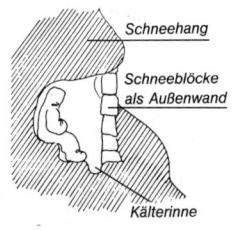

Schneehang

Schneeblöcke als Außenwand

Kälterinne

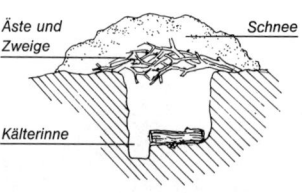

Äste und Zweige   Schnee

Kälterinne

Bei großer Kälte und plötzlich ein-
setzendem Schneesturm (s. Chill-
Faktor, Seite 26) *sofort* im Schnee
verschwinden, wenn nicht in *kür-
zester* Zeit andere Schutzmöglich-
keit vorhanden ist.

VERHALTEN IM NOTBIWAK

- sich selbst zur Ruhe zwingen bzw. Ruhe und Gelassen-
  heit in die Gruppe bringen
- nach Möglichkeit Liegemöglichkeit schaffen
- kann man nur sitzen, öfters die Stellung verändern, um
  die Durchblutung der Beine zu gewährleisten
- rechtzeitig mit „Zehenübungen" beginnen
- wenn keine Erfrierungsgefahr besteht, versuchen zu
  schlafen
- bei Erfrierungsgefahr auf alle Fälle wachbleiben
- immer auf Körperisolation nach unten achten
- trockene Kleidung anziehen; gegebenenfalls die nasse
  Kleidung über die trockene ziehen, um sie durch die
  Körperwärme zu trocknen
- Schuhe öffnen; bei größerer Kälte nur ausziehen, wenn
  die Möglichkeit besteht, am nächsten Morgen die aus-
  gekühlten Schuhe zu erwärmen (Lagerfeuer, Kocher)
- Füße einwickeln, z. B. in den Rucksack stecken, gegen-
  einander reiben
- wenn die Möglichkeit besteht, heiße Getränke zuberei-
  ten und trinken
- beim Biwakieren im Berg mit bestehender Absturzge-
  fahr sich unbedingt sichern
- alle Ausrüstungsgegenstände sichern
- Gewehre können bei großer Kälte „einfrieren", wenn sie
  aus der relativ warmen Schneehöhle wieder mit nach
  draußen genommen werden
- die kälteste Zeit in der Nacht ist kurz vor Tagesanbruch

8. Erste Hilfe

GRUNDREGELN DER ERSTEN HILFE

Die aufgeführten Tips sind nur für Situationen gedacht, in denen kein Arzt oder Tierarzt erreichbar ist. Ist ein Arzt in der Nähe: unbedingt aufsuchen. Keine Experimente!!

Grundregeln:
1) **Ruhe bewahren** und überlegt handeln
2) Ausführen der Maßnahmen nach ihrer Wichtigkeit:
   – Die verletzte Person aus der unmittelbaren Gefahren   zone bergen,
   – Kontrolle von Atmung und Kreislauf
   – Bekämpfen von Schockzuständen
   – Versorgen stark blutender Wunden
3) Hilfe herbeiholen (Signale, Abtransport, usw.)
4) Sich intensiv um den Verletzten kümmern.

Merke: Die eigene Sicherheit nicht vernachlässigen
(es nützt dem Kranken oder Verletzten wenig,
wenn der Helfer ausfällt...).

LEBENSBEDROHLICHE ZUSTÄNDE

Die Bergung Verunglückter mit dem Rautek-Griff.
– Den Nacken des Liegenden mit beiden Händen untergreifen, dabei den Kopf mit den Unterarmen abstützen.
– Oberkörper mit Schwung aufrichten und in Sitzstellung bringen.
– Dicht an den Rücken des Verunglückten herantreten, um ein Wegsacken zu vermeiden.
– Einen Unterarm des Sitzenden vor dessen Bauch legen.
– Mit beiden Armen unter den Achseln hindurchgreifen und den Unterarm umfassen.
– Leicht in die Knie gehen und den Sitzenden auf die Oberschenkel ziehen.
– Mit gebeugten Knien rückwärts gehen und den Verletzten wegschleifen.
– Lagerung in stabiler Seitenlage.

Ertrinken

– Keine Zeit verlieren!
– Schnellstmögliche Bergung – auf eigene Sicherheit achten!
– Mechanische Reinigung von Mund, Rachen und Nase (Zahnprothesen entfernen!).
– Bei Atemstillstand sofort mit der Atemspende beginnen.
– Bei Kreislaufstillstand: Herzdruckmassage.
– Wenn Puls und Atmung vorhanden: stabile Seitenlage.
– Körper warmhalten und vor weiterer Auskühlung schützen.

Atemstillstand

– Freimachen der Atemwege (Mund, Nase, Rachen; Prothesen entfernen).
– Überstrecken des Kopfes nach hinten (Unterkiefer mitziehen).

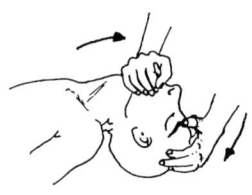

– Mund-zu-Mund-Beatmung: dabei Nase zuhalten.
– Mund-zu-Nase-Beatmung: dabei Mund zuhalten.
– 10 x schnell hintereinander einblasen, anschließend Beatmung dem eigenen Atemrhythmus anpassen. (ca. 15 x pro Minute).

Herz-Kreislauf-Stillstand

– Pulskontrolle an der Halsschlagader: 3 Finger seitlich neben den Kehlkopf legen und anschließend in die seitliche Halsgrube rutschen.

– Ist beidseits kein Puls zu fühlen: Lagerung des Bewußtlosen auf festem Untergrund und zunächst tief beatmen.

– Zunächst 1-malig den sog. „Präkordialschlag" ausführen: mit der Faust aus 20–30 cm Höhe auf die Mitte des Brustbeines schlagen (nicht bei Säuglingen und Kleinkindern!). Durch den heftigen Schlag kann es zum spontanen Wiedereinsetzen des Herzschlages kommen.
Diese Maßnahme ist jedoch nur erfolgreich, wenn der Herzstillstand erst sehr kurz bestanden hat.

– Bei Erfolglosigkeit mit der Herzdruckmassage beginnen.

– Aufsuchen des richtigen Druckpunktes:

1. Aufsuchen des Brustbeinendes mit einem Finger (Abb. 1)

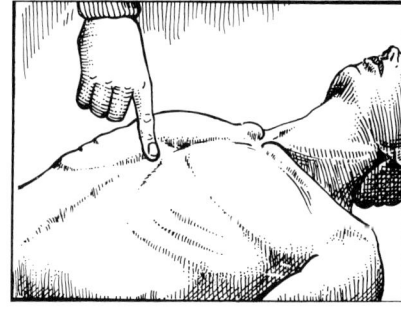

Abb. 1

2. 2 Finger der anderen Hand in Richtung Hals daneben-
legen (Abb. 2)

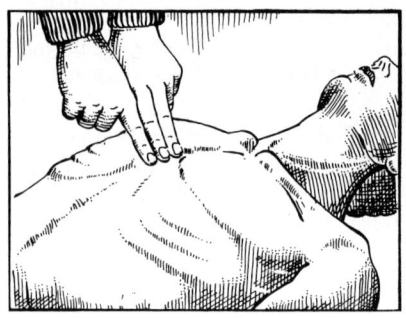

Abb. 2

3. Aufsetzen des Handballens direkt daneben in Richtung
Hals (Abb. 3)

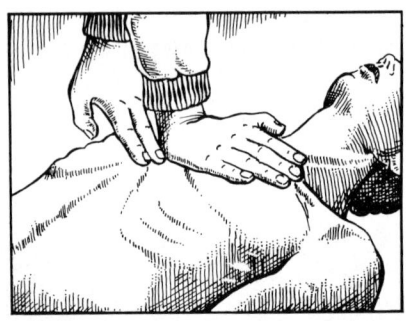

Abb. 3

- Ist nur 1 Helfer vorhanden: 2 Beatmungen nach 15
  Herzstößen
- Sind 2 Helfer vorhanden (von denen einer beatmet und
  einer drückt): 1 Beatmung nach 5 Herzstößen

4. Zweiten Handballen auf Handrücken der ersten Hand
   aufsetzen (Abb. 4)

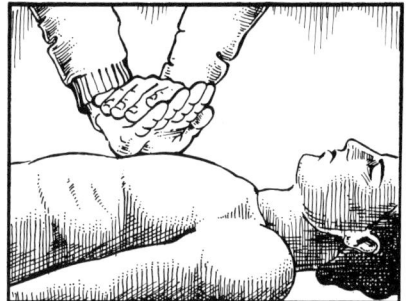

Abb. 4

5. Kraftvoll einmal pro Sekunde drücken (Abb. 5), dazwischen immer wieder Atemspende.

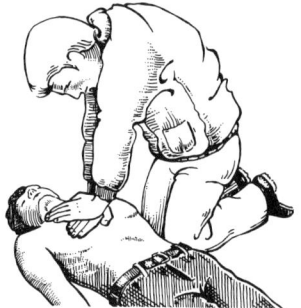

Abb. 5

– Nach erfolgreicher Hilfe stabile Seitenlage und weitere
  intensive Beobachtung: regelmäßige Puls- und Atemkontrolle.

Stabile Seitenlage

Die Seitenlage bewirkt durch die Überstreckung des Halses freie Atemwege. Flüssigkeiten, die sich im Mund sammeln, können abfließen, wodurch die Erstickungsgefahr abgewendet wird.

Vorgehen:
- An die Seite des Verletzten stellen.
- Den diesseitigen Arm des Verletzten soweit wie möglich gestreckt unter dessen Körper schieben.
- Das diesseitige Bein des Verletzten anwinkeln.
- Schulter und Hüftgegend der fernen Seite fassen und den Bewußtlosen behutsam zu sich herüberziehen (mit dem Bein abstützen).
- Den unter dem Körper liegenden Arm vorsichtig am Ellenbogen etwas nach hinten hervorziehen.
- Kopf des Bewußtlosen in den Nacken überstrecken und das Gesicht etwas erdwärts wenden.
- Hand des oben liegenden Armes flach unter die Wange schieben.

Stark blutende Wunden

- Blutenden Körperteil hochhalten.
- Zuführende große Adern abdrücken (z. B. Innenseite des Oberarms, Leistenbeugenmitte mit beiden Daumen abdrücken).
- Anlegen eines Druckverbands auf der Wunde.

Merke: Mit jedem Pulsschlag geht Blut verloren!

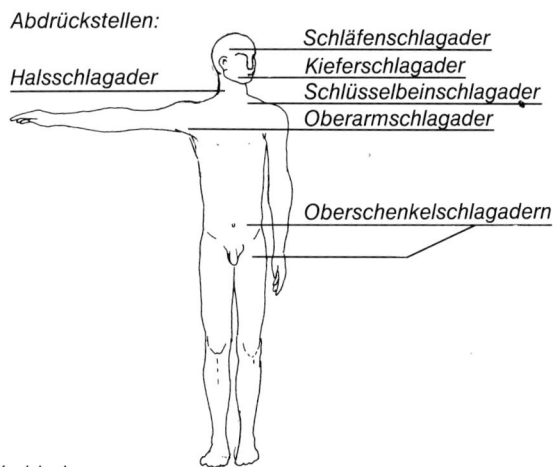

Abdrückstellen:

Schläfenschlagader

Halsschlagader

Kieferschlagader

Schlüsselbeinschlagader

Oberarmschlagader

Oberschenkelschlagadern

Verbinden:
– Eine Wundauflage herstellen (möglichst sauber).
– Die Auflage mit einer Binde fixieren.
– Das Druckpolster fest anwickeln.
– Bei evtl. Durchbluten noch ein Polster anwickeln.

Abbinden:
– Nur bei extrem starker Blutung, wenn Druckverband nicht möglich oder ausreichend.
– Abgebunden wird generell nur am Oberarm oder Oberschenkel, nie direkt auf Gelenken!
– Breites Material verwenden.
– Das verwendete Material (Band/Gürtel/Schnur/Binde) mit einem Knebel anziehen, bis die Blutung zum Stillstand gekommen ist.
– Alle 15 min Knebel lockern.
– Verletzten hochlagern.

77

Schock

Definition: Zusammenbruch des gesamten Kreislaufsystems

Ursachen:

- Blutmangel (innere oder äußere Blutungen).
- Die Blutzusammensetzung hat sich verändert (z. B. bei Durchfall oder Erbrechen – Salzverlust! –, aber auch durch Eiweißverlust nach Verbrennungen möglich).
- Die Herzleistung ist nicht ausreichend (Infarkt).
- Bakteriengifte (z. B. Eiterherd).
- Überempfindlichkeit (allergische Reaktionen).
- Seelische Reaktion (Angst, Schreck).

Anzeichen:

- Unruhe, Angst, Verwirrtheit.
- Schneller Puls; 100 Schläge in der Minute und mehr.
- Bleiche Haut, kalter Schweiß an den Händen und auf der Stirn.
- Kühle Glieder.

Behandlung:

- Betreuung und Beruhigung des Patienten (bei Bedarf z. B. Valium 10).
- Schmerzlinderung: starkes Schmerzmittel.
- Den Kreislauf stabilisieren, Beine hochlagern.
- Schutz vor Auskühlung des Verletzten; Isolierung von unten; mit einer Rettungsdecke zudecken.
- Ist der Kranke voll ansprechbar, warme Getränke verabreichen. Keinen Alkohol einflößen!
- Puls kontrollieren und Patienten unter Beobachtung halten.
- Bei Schock durch Blutvergiftung Antibiotika (z. B. Doxycyclin) geben.

Offene Wunden

- Vor jeder Behandlung einer Wunde die Hände waschen.
- Inspektion der Wunde
- bei starker Verunreinigung die Wunde mit abgekochter Salzlösung (1 Teelöffel Salz auf 1 Liter Wasser) ausspülen. Schmutzteile mit einer Spritze herausspülen.
- Die Haut um die Wunde desinfizieren, dabei kein Desinfektionsmittel *in* die Wunde bringen.
- Ist die Wunde nicht älter als 6 Stunden:
  a) die Wundränder säubern; zerstörtes oder gequetschtes Gewebe entfernen
  b) Wundränder aneinanderfügen und befestigen (nähen, klammern oder pflastern).
- Ältere Wunden mit einem desinfizierenden Salbenverband (Betaisodona o. ä.) behandeln.
- Ruhigstellen des verletzten Körperteils
- Regelmäßiger Verbandswechsel (alle 2–3 Tage) und Wundkontrolle.
- Wenn sich von der Wunde ein roter Streifen in Richtung Herz zu ziehen beginnt: sofort Antibiotika (z. B. Doxycyclin) einnehmen, ebenso bei Fieber.

Brandwunden

Brandwunden sind in Verbrennungen ersten, zweiten und dritten Grades einzuteilen:

1. Grad: Schmerzhafte Hautrötung
2. Grad: Blasenbildung der Haut; bei geplatzten Blasen tritt Sekrotabsonderung auf; der Verletzte hat Schmerzen.

3. Grad: Alle Haut- und ebenso tiefere Gewebeschichten sind zerstört.

Ab etwa 15 % verbrannter Körperfläche besteht Schockgefahr (zum Vergleich: die menschliche Handfläche macht etwa 1 % der Körperfläche aus).

Behandlung:
- Vorsichtiges Entfernen der Kleidung.
- Verklebte Teile belassen.
- Verbrannte Hautbezirke 10 bis 15 Minuten in kaltes, möglichst fließendes Wasser halten.
- Offene Brandwunden weder berühren, noch über der Wunde sprechen (durch den Atem besteht Infektionsgefahr!).
- *Niemals* Salben, Öle, Puder oder Sonstiges auf Brandwunden bringen.
- Die Wunde steril halten, saubere Tücher, möglichst Metalline o. ä. auf die Wunde geben (s. „Wildnisapotheke").
- Keine Blasen öffnen.
- Vorsichtige Lagerung und Transport des Verletzten.
- Gegebenenfalls Schmerz- und Beruhigungsmittel verabreichen.
- Dem Verletzten Flüssigkeit zuführen (alle 15 Minuten etwa eine Tasse); hierbei empfiehlt sich die Mischung aus: 1 TL Salz, 1 TL Zucker, 1 TL Natron auf einen Liter Wasser.
- Eine Infektion von Brandwunden erkennt man am schlechten Geruch der Wunde, Ausfließen von Eiter, der Verletzte hat Fieber. 3 x täglich lauwarmes Salzwasser (1 TL Salz auf 1 Ltr. Wasser) auflegen. Wasser und Tücher vorher abkochen, totes Gewebe steril entfernen, Antibiotika einnehmen.

Wunde Stellen („Wolf")

– Vorsorgen: gefährdete Stellen vor Belastung mit Hirschtalg oder Ballistol einreiben.
– Wunde Stelle, wenn möglich, nicht mehr belasten oder zumindest polstern.
– steril abdecken, Wundsalbe (z. B. Bepanthen).
– bei Infektionen Wundsalbe mit Antibiotika (z. B. Nebacetin-Salbe).

Bißwunden

Bei Bißwunden entstehen Weichteil- oder Knochenverletzungen. Gleichzeitig besteht die Gefahr von Verunreinigungen, Eindringen von Giften oder Krankheitserregern.

Behandlung:

– Die Wunde ausgiebig reinigen (Wasser & Seife)
– Desinfektion (z. B. Wasserstoffsuperoxid, Salzwasser)
– Behandlung mit Betaisodona o. ä., anschließend Salbenverband
– Gabe von Antibiotika
– Ruhigstellung des Patienten und regelmäßige Kontrolle.

Prinzipiell werden Bißwunden nicht verschlossen!
Eine Wundstarrkrampfimpfung (Tetanus) kann lebensrettend sein.

Impfschema (nach der Verletzung):
- sofort 1 Ampulle Gegengift (Tetagam) sowie 1 Ampulle Impfserum (Tetanol)
- nach 30 Tagen 1 Ampulle Tetanol
- nach einem Jahr 1 Ampulle Tetanol.

Dieser Schutz ist für ca. 10 Jahre ausreichend.

Merke: Der beste Schutz ist die vorbeugende Impfung!

BRÜCHE, VERRENKUNGEN, VERSTAUCHUNGEN

Offene Frakturen

Die Haut und das Gewebe im Bruchbereich ist verletzt. Es besteht die Gefahr einer Infektion durch die Verbindung der Knochenbruchstelle mit der äußeren Umgebung. Immer sofort möglichst steril abdecken!

Falls der Knochen noch vorsteht, unbedingt einrenken (siehe bei „geschlossene Brüche"), um den Knochen wieder unter seinen Weichteilmantel zu bringen.

Weitere Behandlung wie bei geschlossenen Brüchen.

Geschlossene Brüche

sind mit Schmerzen und Bewegungseinschränkungen verbunden. Eine abnorme Lage und/oder Bewegung des entsprechenden Gliedes gehen einher mit Schwellungen und Prellmarken.

Behandlung:

– Ruhigstellen des Bruches.
– Puls und Gefühl im Bereich des körperfernen Gliedabschnittes prüfen.
– anschließend nach guter Polsterung schienen.
– Schmerzmittel und eventuell z. B. Valium eingeben.
– Möglichst umgehenden Transport in ein Krankenhaus, da nur eine Röntgenaufnahme eine exakte Behandlung ermöglicht.

Ist keine Hilfe (Arzt) vorhanden, kann der Versuch gemacht werden, den Bruch einzurichten. Ist die Schockgefahr beseitigt, wird unter Zug und Gegenzug – langsam und schonend – der Bruch eingerichtet; je früher, desto besser:

1) Den Verletzten festhalten (auch den jeweiligen Körperteil), so daß dieser bei Belastung (Zug) nicht nachgibt.
2) Dem zu Behandelnden die Situation erklären, beruhigend zureden und die nächsten Schritte deutlich machen.
3) Den gebrochenen Körperteil unter langsamen, stetigen Zug bringen.
4) Der gebrochene Fuß, Schenkel oder Arm wird unter größter Vorsicht in die Normalposition gebracht.
5) Gute Polsterung des verletzten Teils; das Glied schienen und mit einem Verband oder Tücher ruhigstellen.
6) Nach Ruhigstellen der benachbarten Gelenke wird überprüft, ob die Gliedmaße gefühllos oder weiß wird; Pulsschlag überprüfen, gegebenenfalls den Verband öffnen und/oder lockern.
7) Immer eine mögliche Schockgefahr beachten, da bei Brüchen ein großer innerer Blutverlust möglich ist.

8) Schonender Transport und entsprechende Lagerung des Verletzten ist wichtig.

Erkennen und Behandeln von:

Schlüsselbeinbruch

Dieser ist meist von außen sichtbar (man vergleiche mit der gesunden Seite); bei Druck auf die gebrochene Stelle tritt das sog. „Klaviertastenphänomen" auf.

Behandlung:

– „Rucksackverband" (Schlinge um beide Schultern stramm und gut gepolstert unter den Achselhöhlen durchführen; anschließend zwischen den Schulterblättern verknoten).

Wirbelsäulenfraktur

Erkennbar an

– Schmerzen im entsprechenden Wirbelbereich
– Bewegungen sind schwierig und/oder schmerzhaft
– Gefühlsstörungen in Armen und Beinen
– Stuhl oder Urin geht ohne Kontrolle ab.

Behandlung schon bei Verdacht!

– Die Lage des Verletzten möglichst nicht verändern.
– Den Transport (Rückenlagerung) nur mit mehreren Helfern durchführen.
– Lagerung des Verletzten auf fester Unterlage; eine Seitenlage *nur* bei Blutungen im Nasen-/Rachen- und Mundbereich sowie bei starkem Erbrechen.
– Dem Verunglückten keine Kissen unter den Kopf legen und nicht aufsitzen lassen.

Rippenbrüche

Gekennzeichnet von lokalem Schmerz und Prellmarke; flache Atmung durch meist starke atemabhängige Schmerzen.

Behandlung:

– Schonhaltung und entsprechende Lagerung.
– örtliche, schmerzlindernde Maßnahmen (kalte Umschläge, Salben)
– auch bei Schmerzen versuchen, tief durchzuatmen (Gefahr von Lungenentzündung: **Behandlung siehe dort)**
– eventuell Schmerzmittel (Aspirin), eventuell Valium.

Beckenfrakturen

Erkennbar an Druckschmerz, Prellmarken oder Bluterguß; die Bewegung ist schmerzhaft eingeschränkt. Auf blutigen Urin achten. Möglichkeit eines Harnröhren- oder Blasenrisses – dann überhaupt kein Urin.

Behandlung:

– Schonende Lagerung des Verletzten
– Beide Beine – mit einer ausreichenden Polsterung dazwischen – zusammenbinden
– Knie unterpolstern, damit Bauchmuskulatur entspannt ist.
– Den Verletzten überwachen, da durch mögliche innere Blutungen Schockgefahr besteht.

Verrenkungen

Entstehen durch Krafteinwirkung auf ein Gelenk mit Trennung des Gelenks, einer Dehnung oder einem Riß der Kapsel bzw. der Gelenkbänder.

Erkennbar an
- der unnormalen Lage des Körperteils,
- einer sehr starken, schmerzbedingten Bewegungseinschränkung oder -unfähigkeit,
- Schwellung und Druckschmerz.

Behandlung:
- Den Verunglückten beruhigen; evtl. Eingabe von Schmerzmitteln.
- Einrenken unter den gleichen Bedingungen wie bei Brüchen (unter Umständen sehr schwierig).

Behandlungsbeispiel anhand der Schulter:
- Den Verletzten auf den Rücken legen
- Sich selbst an die verletzte Seite des zu Behandelnden legen und den Fuß in die Achselhöhle des Verletzten drücken.
- Handgelenk mit beiden Händen fassen und unter langsamem Zug sowie gleichzeitiger Innendrehung des Arms ziehen, bis das Schultergelenk fühlbar einschnappt.

Merke: Eingerenkte Körperteile sind ebenso wie Brüche ruhigzustellen.

Verstauchungen
Verstauchungen (Distorsionen) entstehen durch Krafteinwirkungen auf ein Gelenk oder auf Gelenkteile.
Erkennbar an
- Schwellungen
- Druckschmerzhafter Bewegungseinschränkung
- Bluterguß

Behandlung:
- Anlegen einer festen Binde
- Ruhigstellung des betroffenen Gliedes
- Hochlagerung
- Kühlen der Verstauchung, um ein Abschwellen zu erreichen

AKUTE SCHMERZZUSTÄNDE

Lungenentzündung
Anzeichen:
- stechende Schmerzen bei der Atmung
- sofort eintretendes hohes Fieber
- Schüttelfrost
- Gefühl des Krankseins
- Oberflächliche Atmung
- kaum spürbarer und schneller Puls

Behandlung:
- Bettruhe
- Antibiotika verabreichen (z.B. Doxycyclin)
- Inhalation
- Ergreifen von fiebersenkenden Maßnahmen (Waden-wickel, Verabreichung von Aspirin)
- Viel Flüssigkeit zu sich nehmen

Bauchschmerzen (Oberbauch)
Äußern sich in
- dumpfen Krämpfen, bis kolikartigen Schmerzen unter-halb des Brustbeins,
- Übelkeit und Erbrechen (evtl. dunkles Blut, kaffeesatz-artig).

Der Bauch ist dabei nicht hart, sondern weich. Wichtige Hinweise kann auch die frühere Krankengeschichte geben (z. B. schon länger bestehende Magenbeschwerden).
Bei diesen Anzeichen ist mit einer Magenschleimhautentzündung oder einem Zwölffingerdarmgeschwür zu rechnen.

Behandlung:

- Im Anfangsstadium nichts zu Essen geben, später nur leichte Kost verabreichen.
- Keinen Alkohol oder Nikotin
- Verabreichung von Buscopan plus o. ä. als Zäpfchen
- Den Patienten ruhen lassen und weiter beobachten.

Rechter Oberbauch

- Heftige, wellenförmige, krampfartige Schmerzen
- Ausstrahlung bis in den Schulterbereich
- Übelkeit, Brechreiz
- Fett kann weder gerochen, noch gegessen werden

Anzeichen für eine *Gallenkolik.*

Behandlung:

- wie starke Magenbeschwerden.
- feuchtwarme Umschläge anlegen.

Rechte und linke Bauchseite

- Wellenförmige, krampfartige Schmerzen in der Leistengegend; in den Unterbauch ausstrahlend.
- Sehr plötzliches Einsetzen obiger Symptome
- Unruhe bis zum Erbrechen
- Häufiges Wasserlassen mit Brennen
- unter Umständen rötlicher Urin

deuten auf eine *Nieren- oder Harnleiterkolik* oder auf einen *Harnweginfekt.*

Behandlung:
- Verabreichung von Buscopan plus o. ä.
- viel lauwarme Flüssigkeit zuführen.
- feuchtwarme Umschläge machen.
- bei Koliken: Bewegung.

Rechter Unterbauch
- Starker Druckschmerz
- Übelkeit und Erbrechen
- Gespannte Bauchdecke
- Bewegung im rechten Hüftgelenk manchmal schmerz-haft
- meistens Fieber

spricht für eine *Blinddarmentzündung.*
Behandlung:
- Kalte Umschläge, Eis auf den rechten Unterbauch legen.
- Dem Kranken nichts zu Essen geben.
- Bei einem längeren Transport zur Klinik evtl. Antibiotika und Schmerzmittel verabreichen.

Unterbauch Mitte (über der Blase)
- Schmerzen
- Häufiges Wasserlassen, dabei Brennen in der Harn-röhre
- relativ kleine Urinmengen

spricht für eine *Harnweg- oder Blasenentzündung.*
Behandlung:
- Abgabe von Buscopan plus o. ä.
- Verabreichung von Antibiotika (z. B. Bactrim forte)
- Den Unterbauch wärmen.

Gesamtbauchbereich
- Der gesamte Bauch oder Teile davon sind stark druck-schmerzhaft.
- Die Bauchdecke ist bretthart gespannt.
- Stuhl- und Windverhalten.
- Erbrechen.
- Die Zunge ist trocken und borkig, das Gesicht grau.
- Der Patient wirkt stark krank, evtl. Schock.

Diese Anzeichen deuten auf eine *Komplikation eines der vorher genannten Organe oder des Darmes (z. B. Magendurchbruch, Blinddarmdurchbruch, Darmverschluß, usw.)* hin.
Es besteht höchste Lebensgefahr! Daher umgehend Klinik aufsuchen!
Bis dahin:
- Eß- und Trinkverbot
- feuchtwarme Umschläge
- krampflösende Schmerzmittel verabreichen, z. B. Buscopan plus.
- gegebenenfalls Schockbekämpfung.

VERLETZUNGEN IM KOPFBEREICH

Gehirnerschütterung und Schädelbruch
- Symptome treten sofort nach dem Unfall auf
- äußere Verletzungsanzeichen, z. B. Nasenbluten
- Erinnerungslücken, Benommenheit, evtl. Bewußtlosigkeit (unter 15 Minuten)
- Erbrechen
- Schwindel
- Kopfschmerzen

Diese Symptome sprechen für eine *Gehirnerschütterung*.
Behandlung:
- Seitenlage auf die unverletzte Seite bei Bewußtlosigkeit, ansonsten Oberkörper erhöht lagern. Ruhe!
- bei vorhandenen Wunden: sterile Abdeckung
- ständige Atem- und Pulskontrolle
- eventuell Beruhigungsmittel (z. B. Valium 10), Schmerzmittel oder z. B. Paspertin gegen Erbrechen.

Kommt es zu einer Verschlechterung des Zustandes (oft nach anfänglicher Besserung) oder kommen folgende Symptome hinzu, besteht die Gefahr eines *Schädel- oder Schädelbasisbruches* und/oder *Hirnblutung*. Es besteht Lebensgefahr!!
Anzeichen:
- dauerhaftes Erbrechen
- anhaltende Bewußtlosigkeit (über 15 Minuten) oder wieder eintretende Bewußtlosigkeit
- zunehmende Kopfschmerzen
- zunehmende Verwirrtheit und Unruhe
- dauerhafte Pupilleneng- oder weitstellung oder verschieden große Pupillen
- Blutung aus Nase (eventuell nur wasserhelle Flüssigkeit), Mund, Ohr oder offene, tiefe Kopfwunde
- Lähmungen oder Krämpfe
- Pulsverlangsamung, extreme -beschleunigung oder Unregelmäßigkeiten
Behandlung:
- Erstversorgung wie bei der Gehirnerschütterung, aber:
- so schnell wie möglich in ärztliche Behandlung begeben; wenn möglich, Abtransport im Rettungswagen

Augen
- Rotes, schmerzendes Auge
- Fremdkörpergefühl
- Vorgeschichte: Sand-, Metall- oder Holzspäne oder Schnee (Schneeblindheit)

deuten auf *Bindehautentzündung, Schneeblindheit* oder *Fremdkörper im Auge.*

Behandlung:
- Inspektion mit sauberen Fingern
- Fremdkörpersuche und Entfernung
- Verabreichung von Augensalbe (ohne Cortison)
- Augenklappe oder Tuch zum Schutz vor weiteren schädlichen Einwirkungen (z. B. Schneebrille oder selbstgebauter Schutz).

Nase
Nasenbluten.

Behandlung:
- Sitzende Position einnehmen
- Kalte Kompressen auf Stirn und Nacken legen
- Nasenflügel andrücken
- Nasenlöcher mit Gaze ausstopfen

Ohr
- Ein- oder beidseitige Ohrenschmerzen
- Schwerhörigkeit
- oft Allgemeininfektion

Anzeichen für eine *akute Mittelohrentzündung*

Behandlung:
- Warme Umschläge
- Verabreichung von Nasentropfen (z. B. Otriven)
- Gabe von Ohrentropfen (z. B. Otalgan)

92

- Je nach Zustand: Antibiotika oder Schmerzmittel geben.

Stirn und/oder Nase
- Schmerzen oder Druckgefühl
- Bei schnellem Schütteln oder Beugen des Kopfes Druckgefühl

Anzeichen für *Kiefer- oder Stirnhöhlenentzündung.*
Behandlung:
- Viel trinken
- Inhalieren (Kamille)
- Antibiotikum

Hals
- Plötzlich auftretende Beschwerden mit Fieber und Halsweh
- Schluckbeschwerden
- geröteter Hals
- Krankheitsgefühl
- Gliederschmerzen

zeigen eine *eiterige Angina* an, die mit
- Antibiotika und Aspirin sowie
- Bettruhe und heißen Halswickeln

behandelt wird.
Akute Kehlkopfentzündung beginnt mit
- Schluckbeschwerden
- Heiserkeit bis Atemnot
- Geröteter Hals, meist Allgemeininfekt.

Behandlung:
- Stimmruhe
- Rauchverbot
- Eingabe von Antibiotika

- Inhalation mit Heilölen
- Gurgeln mit Salzwasser

BISSE UND STICHE GIFTIGER TIERE

Giftschlangen:

Mit Ausnahme der Polarregionen, Madagaskars und einiger Inseln der Karibik und des Pazifiks sind Giftschlangen über die ganze Erde verbreitet. Eine Begegnung mit ihnen geschieht meist überraschend, selten zeigen sie ihre Gegenwart etwa durch Zischen oder Rasseln (Klapperschlangen) an. Einige wichtige *Vorsichtsmaßnahmen* sind daher in Gebieten, in denen Giftschlangen häufig sind, unbedingt zu beachten:

1. Sich darüber informieren, mit welchen Schlangen, auch ungiftigen, zu rechnen ist, sich deren wichtigste Merkmale (Zeichnung etc.) einprägen.
2. Schützende Kleidung tragen (feste Schuhe, lange Hosen).
3. Stets darauf achten, wo man hingreift, hintritt, worauf man sich setzt.
4. Nicht in Erdhöhlen und unter Steine greifen.
5. Feuerholz nicht nach Eintritt der Dunkelheit sammeln.
6. Nicht in der Nähe von Holz- oder Steinhaufen, in Höhleneingängen oder Sumpfgelände schlafen, möglichst in überschaubarem Gelände kampieren.
7. Tiere nicht reizen, Abstand halten.
8. Auch scheinbar tote Schlangen mit Vorsicht behandeln, wenn überhaupt, dann nur mit langem Stock hantieren.

Jeder Schlangenbiß ist ein *ernster Notfall*! Der Betroffene ist auf dem schnellsten Wege in ärztliche Behandlung zu bringen.

Die Giftwirkung hängt im wesentlichen ab:

1. von der Art der Giftschlange und deren Gifteigenschaften,
2. von der Menge des eingebrachten Giftes.

Anzeichen nach einem Biß durch Kobras, Mambas, Kraits, manchen Klapperschlangen und den meisten australischen Giftschlangen (neurotoxische Wirkung):

– leichte, selten schmerzhafte Schwellung um die Bißstelle
– Erbrechen
– Blässe
– Schweißausbruch
– Lähmung der Gesichts- und Augenmuskeln (starrer Blick)
– Schluckbeschwerden
– Atembeschwerden
– Bewußtseinseintrübung und Bewußtlosigkeit
– Krämpfe
– Atemlähmung

Anzeichen nach einem Biß durch Vipern, Klapperschlangen, Grubenottern (Wirkung auf Blutgefäße und Blutgerinnung):

– rasche, massive, schmerzhafte Schwellung um die Bißstelle, die sich weiter über den ganzen Körperteil ausbreitet
– rötlich-bläuliche Verfärbung um die Bißstelle
– Erbrechen
– Blässe

- Schweißausbruch
- Schock
- Zahnfleisch-, Nasenbluten, Sickerblutung aus der Biß-
wunde sind Anzeichen einer gestörten Blutgerinnung,
Gefahr des Verblutens
- Bewußtseinseintrübung und Bewußtlosigkeit
- Kreislaufversagen

Diese Anzeichen einer Vergiftung variieren stark in ihrer
Ausprägung und sind keineswegs, was vor allem die Rei-
henfolge angeht, für jedes Gift dieser zwei Schlangengrup-
pen typisch. Es können z. B. bei einem Kobrabiß Läh-
mungserscheinungen fehlen, dafür Hautveränderungen
um die Bißstelle auftreten; bei einem Vipernbiß kann es z. B.
auch nur zu starken Gewebeschäden um die Bißstelle
kommen, ohne daß die Blutgerinnung beeinträchtigt wird
und umgekehrt. Nicht selten treten überhaupt keine Symptome auf, wenn die Schlange zwar zugebissen, nicht
jedoch Gift injiziert hat.

Erste Hilfe:
- Gebissene Person beruhigen, Panik vermeiden.
- Betroffenes Körperteil ruhigstellen, u. U. schienen, mit
elastischer Binde fest umwickeln, Abbinden selten
empfehlenswert, da nur kurzzeitig möglich (nicht länger
als 20–30 Minuten), wenn rasche ärztliche Hilfe
erreichbar.
- Versuchen, die Schlange zu erkennen und zu
beschreiben.
- Gebissene Person auf schnellstem Wege ärztlicher
Hilfe zuführen.
- Schockreaktionen möglich (s. Schockbehandlung).
- Mund-zu-Mund-Beatmung, wenn Atemlähmung eintritt.

Antiseren (Gegengifte), spezifisch für die betreffende Schlangenart, dürfen *nur* durch einen Arzt (ausschließlich intravenös) angewandt werden, wobei alle Vorkehrungen für eine Schockreaktion getroffen sein müssen. Das Mitführen von Antiseren ist in der Regel nicht empfehlenswert, da deren fachgerechte Lagerung und Transport (kühl) oft nicht gewährleistet ist.

Hilfe bei der Beschaffung des richtigen Serums bzw. bei der Behandlung von Giftschlangenbissen leistet die Medizinische Klinik Rechts der Isar der Technischen Hochschule München – Toxikologische Abteilung Ismaninger Str. 22, D-81675 München, Tel. 0 89-41 40 22 11.

Was unbedingt *nicht* gemacht werden sollte:
1. Nicht in die Bißstelle einschneiden oder diese gar ausschneiden (bei manchen Viperngiften besteht die Gefahr des Verblutens, da durch das Gift die Blutgerinnung aufgehoben sein kann. Dieser Zustand kann bis zu 14 Tagen anhalten).
   Aussaugen oder Auspressen hilft nicht viel.
2. Keine „Mittelchen" einreiben oder injizieren.
3. Bißwunde nicht intensiv waschen.
4. Bißstelle nicht mit Eis kühlen.
5. Bißstelle nicht erwärmen.
6. Keinen Alkohol oder starken Kaffee trinken, nichts essen.
7. Cortisonpräparate oder Antibiotika sind überflüssig.

Skorpione/Spinnen:
Stiche und Bisse durch Skorpione und Spinnen sind meist sehr schmerzhaft, für Erwachsene aber nur selten gefährlich. Allergische Reaktionen möglich (s. u.).

Vorbeugen:
Lagerplatz säubern, Skorpione leben meist unter Steinen und Holz, Kleider und Schuhe vor dem Anziehen ausschütteln.

Erste Hilfe:
Stichstelle in heißes Wasser eintauchen oder heißes Wachs aufträufeln zur Inaktivierung des Giftes. Behandlung mehrfach wiederholen. Bei Kreislaufproblemen Arzt aufsuchen.

Insekten-Stiche (Wespen, Bienen):
meist sehr schmerzhaft, lebensgefährlich bei Personen, die allergisch auf derartige Stiche (Bienen-/Wespengift-Allergie) reagieren. In diesem Fall sollten entsprechende Medikamente mitgeführt werden (Antihistaminika, Calcium-Tabletten, Cortisonpräparate). Ansonsten kühle Umschläge.

Verletzungen durch Giftfische oder andere Meerestiere
Es gibt mehr als 1000 Meerestiere, die Träger von Giftstoffen sind, die jedoch zum größten Teil noch nicht chemisch identifiziert wurden. Da maritime Gifte jedoch meistens Eiweißkörper sind, empfiehlt es sich auf jeden Fall, die Kontaktstelle in möglichst heißes Wasser zu tauchen, um das Gift zu zerstören. Körperteile, die nicht eingetaucht werden können, sollte man mit heißen Umschlägen (bis zu 90 min lang) versorgen.

Reizungen durch Feuerquallen dürfen nicht mit Wasser behandelt werden, da es hier zu einer Verschlimmerung der Symptome kommt. Besser die Stelle mit Puder, Mehl oder trockenem Sand bestreuen und nach kurzer Einwirkung abschaben. Anschließend eine entzündungshemmende Salbe auftragen.

Generell gilt: Unbekannte Tiere im Wasser nicht anfassen und beim Waten im flachen Wasser Schuhe tragen!

Zeckenbißerkrankungen

Zecken-Borreliose
Vorkommen:
Mittel-, Ost-, Nordeuropa, Nordamerika, Australien
Krankheitssymptome treten nach Tagen bis Monaten auf.
4 Krankheitsstadien:
1. Rötliche Hautveränderung, die wandert. Gleichzeitig häufig Mattigkeit, Fieber, Schüttelfröste, Kopfschmerzen, Nackensteifigkeit.
2. Neurologische Störungen
3. Rheumatische Beschwerden, v. a. im Knie- und Sprunggelenk
4. Entzündliche Veränderungen der Haut (Pergamenthaut) und fortschreitende neurologische Störungen
Behandlung:
– Tetrazykline, eventuell Penicillin in hoher Dosis 10-20 Tage lang.

Tropenerkrankungen
Eine Besprechung der zahlreichen Tropenerkrankungen wäre viel zu aufwendig für dieses Buch, da viele der Erkrankungen auch von Spezialisten nur mit aufwendigen Labormethoden diagnostiziert werden können.
Das Wichtigste für den Reisenden ist jedoch die Prophylaxe.
Vorsichtsmaßnahmen sind:
– nur sauberes Wasser trinken (Desinfektion mit Micropur-Tabletten),
  Vorsicht auch bei Leitungswasser!
– Körperhygiene

- ausreichende Kleidung zum Schutz gegen Insekten und sonstige Tierbisse
- nicht in tropischen Seen und Flüssen baden
- Vorsicht bei der Auswahl von Nahrungsmitteln.

Ein besonderes Problem stellt die medikamentöse Malariaprophylaxe dar. Lassen Sie sich von einem erfahrenen Arzt beraten, für welches Gebiet welches Medikament geeignet ist und wie lange (auch nach der Rückkehr) das Medikament eingenommen werden muß.

Die Weltgesundheitsorganisation (WHO) gibt regelmäßig aktualisierte Empfehlungen heraus, welche Präparate für welche Länder geeignet sind. Eine Liste mit Adressen von Ärzten für Tropenmedizin und tropenmedizinischen Einrichtungen kann bei der

Deutschen Tropenmedizinischen Gesellschaft
Postfach 80 02 48, 65902 Frankfurt am Main
angefordert werden.

Frühsommer-Meningo-Enzephalitis (FSME)
Vorkommen:
Donau-Seitentäler, Bayern, Baden-Württemberg, selten in Hessen, Rheinland-Pfalz, Kärnten, Ungarn, Jugoslawien u. a. Gebiete
Symptome:
Ca. eine Woche nach dem Biß Fieber mit grippalen Erscheinungen. Nach 1-2 Wochen nach kurzer Pause erneuter Fieberanstieg und Störungen des Zentralen Nervensystems. Es gibt keine ursächliche Behandlung, daher sollte man sich vor dem Aufenthalt in betroffenen Gebieten prophylaktisch impfen lassen.
Außerdem sollte man sich vor Zeckenbissen durch geeignete Kleidung schützen. Nach dem Aufenthalt im Freien

Inspektion des Körpers. Ist man gebissen worden: Zecke vorsichtig aus der Haut *drehen, ohne* sie vorher zu ersticken (also kein Öl oder ähnliches auf die Zecke geben).

HITZSCHLAG

Akute Lebensgefahr, da die körpereigene Temperaturregelung ausfällt – die Hitze kann nicht abgegeben werden. Erkennbar an
– Kopfschmerz, Schwindel, Übelkeit
– Bewußtseinsstörung
– Nach anfänglicher Hautrötung fahlgraues Aussehen
– Flache Atmung
– Puls und Temperatur steigen an.

Behandlung:
– Beruhigung des Kranken
– Kleidung entfernen
– Den Betroffenen in den Schatten transportieren
– Anfeuchten der Haut
– Kalte Umschläge machen
– Luft zufächern
– Flüssigkeit zuführen

SONNENSTICH

Durch intensive Sonneneinstrahlung auf den Kopf entsteht eine Reizung der Hirnhäute und eine Hirnschwellung. Erkennbar an
– Kopfschmerz; Nackenschmerz bis Nackensteife
– Übelkeit
– Heißem, hochrotem Kopf
– Bewußtseinsstörung bis zur Bewußtlosigkeit
– Kein Fieber (!)

Behandlung:
- Anfeuchten der Haut
- Ist der Patient bei Bewußtsein, Verabreichung von kalten Getränken
- ansonsten Vorgehen wie bei „Hitzschlag".

DURSTGEFÜHL (FLÜSSIGKEITSMANGEL)

Im Normalzustand ist die Flüssigkeitsaufnahme und -abgabe durch Regulierung im Durstzentrum des Gehirns im Gleichgewicht. Als Faustregel kann eine Flüssigkeitsaufnahme von ca. 2,5 l über Getränke und/oder Nahrung angenommen werden. (unter normalen Temperaturen und bei nur leichter Betätigung).
Die Flüssigkeitsabgabe erfolgt durch Schwitzen, Kot- und Urinausscheidung sowie über die Atmung. In Extremsituationen kann der Verlust bis zu 15 l pro Tag betragen.

Verhalten in heißen Ländern:
Für ausreichende Flüssigkeitszufuhr sorgen; Wasserverlust vermeiden durch:
- Schatten
- Kühlung
- Anfeuchten der Bekleidung
- Vermeiden von starkem Schwitzen
- Kopfbedeckung.

Zum Ausgleich des Salzverlustes durch Schwitzen Fleischbrühe aus Brühwürfeln o. ä. trinken.
Falls das Wasser nicht schmeckt, mit Früchten, Fruchtsäften oder Brausepulver „verbessern". So trinkt man mehr („Selbstüberlistung"...). Während der heißen Tagestemperaturen sollte man ruhen, in der Nacht arbeiten oder marschieren.

Die ausgeschiedene Urinmenge sollte in etwa 1 Liter pro Tag betragen; die Farbe soll hellgelb sein.

Anzeichen von Flüssigkeitsmangel:
- starker Durst
- Schwindel
- Kopfschmerz
- Halluzinationen
- Juckreiz
- Faltige Hautbereiche
- Dunkler, trüber Urin

Im Notfall auch schmutziges, eventuell kontaminiertes Wasser reinigen, um es trinkbar zu machen (s. Wasseraufbereitung).

DURCHFALL
Behandlung:
- Mindestens 24 Stunden nichts essen.
- Viel trinken: Salz- und Zuckerzufuhr (Maggiwürfel-brühe, gezuckerte Lösungen, z. B. Oralpädon).
- Bei sehr starkem Flüssigkeitsverlust 1 Teelöffel Salz, 2 Teelöffel Zucker und 1/2 Teelöffel Natron in einem Liter Wasser lösen und trinken.
- Ab dem 2. Tag Schonkost: Hafer- oder Reisschleim.
- Ab dem 4. Tag langsame Umstellung auf normales Essen.
- Medikamente, die den Darm ruhigstellen, nur einnehmen, wenn unbedingt nötig (z. B. Imodium), da die Ausscheidung von Keimen oder Giften verzögert wird.
- Falls nach obg. Maßnahmen kein Erfolg eintritt, Antibiotika oder Chemotherapeutika, z. B. Sulfonamide einnehmen.

UNTERKÜHLUNG

Unterkühlung tritt ein, wenn die Körpertemperatur unter 35°C abfällt.

Es gibt 4 Phasen:

1. Phase: Temperatur 37–34°C: Muskelzittern, starke Unruhe und Schmerzen am ganzen Körper
2. Phase: 34–30°C: Teilnahmslosigkeit, Schläfrigkeit, verlangsamte Herztätigkeit
3. Phase: 30–27°C: Bewußtlosigkeit, Erregungsstörungen des Herzens, längere Atempausen, weite, aber noch auf Licht reagierende Pupillen
4. Phase: 27–24°C: Scheintod, Tod.

Behandlung:

– Schonender Transport des Kranken; Wärmeerhaltung
– Arme oder Beine weder aktiv noch passiv bewegen
– Die Person weder massieren noch mit Schnee abreiben
– keine alkoholischen Getränke oder starke Schmerzmittel verabreichen.

Ist der Unterkühlte ansprechbar und hat keinen Schock:

– Langsames Erwärmen
– Dazu die Kleidung *nicht* auszuziehen, ca. 40°C heißes Wasser über die Person schütten
– Heißen, gesüßten Tee verabreichen
– Ab 34°C Körpertemperatur den Unterkühlten im gut geheizten Raum ausziehen.
– Besteht keine Möglichkeit der Warmwasserzubereitung, wird der Unterkühlte zwischen zwei Menschen gelegt und von diesen langsam erwärmt.

ERFRIERUNGEN

Als Erfrierung wird die örtliche Kälteeinwirkung auf verschiedene Körperteile bezeichnet. Besondere Gefahr besteht für:

- Nase
- Ohren
- Finger
- Zehen

Erfrierungen 1. Grades: Blässe, Schwellung

Erfrierungen 2. Grades: Blaurote Haut, Blasenbildung

Erfrierungen 3. Grades: Gewebezerstörung

Erfrierungen 4. Grades: Vereisung

Im Frühstadium einer Erfrierung stellt man zunehmende Blässe, Bewegungshemmungen, starke Schmerzen und Gefühlsstörungen fest.

Im Spätstadium lassen die Schmerzen nach bis hin zur Schmerzfreiheit.

Behandlung:

- Anlegen eines keimfreien Verbandes mit viel Polsterung, um den gestörten Blutkreislauf nicht zu behindern.
- Keine Blasen öffnen!
- Erfrorene Körperteile niemals massieren oder passiv bewegen.
- Einzelne erfrorene Körperteile (z. B. Zehen) versuchen, aktiv zu bewegen.
- Den Unterkühlten nicht mit Eis oder Schnee abreiben.
- Die Person langsam erwärmen.

VERGIFTUNGEN

Vergiftungen des Organismus erfolgen entweder

- innerlich (durch Essens- oder Flüssigkeitsaufnahme)
- äußerlich (Berührung, Wunden) oder durch
- beide Arten,

also durch Nahrungs- und Genußmittel, Pflanzen wie Früchte, Pflanzenteile oder Pflanzenextrakte, durch Tiere

(Bisse, Berührungen oder Verspeisen) oder durch Gase und/oder Dämpfe.

Erkennbar ist eine Vergiftung an:

- Übelkeit
- Erbrechen
- Schweißausbrüchen
- Atembeschwerden
- Magen-/Darmschmerzen
- Durchfall
- Schwindelgefühle bis zur Ohnmacht, Schläfrigkeit
- Halluzinationen, Angst oder Euphorie, Aggressivität
- Blauwerden, Blutungen, Schwellungen oder Rötung der Haut
- Krämpfe oder Lähmungen.

Behandlung:

- Etwaige weitere Giftzufuhr sofort stoppen.
- Den Vergifteten aus der Gefahrenzone bergen, Giftart feststellen.
- Bei eingenommenen Giften Erbrechen hervorrufen (viel lauwarmes Wasser mit ca. 3–5 Eßlöffel Salz auf 0,5 Ltr. eingeben), medizinische Kohle verabreichen.
- Nichts eingeben, wenn der Erkrankte nicht ansprechbar ist oder er ätzende oder schaumbildende Gifte eingenommen hat.
- Bei Atemstillstand: Atemspende (Vorsicht: Giftrückstände können im oder am Mund des Vergifteten vorhanden sein!).
- Je nach Vergiftung Hautreinigung mit Wasser und Seife.

HÖHENKRANKHEIT

Die Höhenkrankheit (Bergkrankheit) entsteht durch mangelnde Anpassung des Körpers an die jeweilige Meereshöhe. Ebenso wirkt sich der verminderte Sauerstoff-Druck, was deutlich ab etwa 3000 Meter Höhe zu spüren ist, auf den Betroffenen aus. Meist kommt eine zu schnelle Überwindung von Höhenunterschieden hinzu.

Krankheitsmechanismus: Durch den Sauerstoffmangel kommt es zu einer Erhöhung der Atemgeschwindigkeit, was wiederum eine vermehrte Abatmung von Kohlendioxyd zur Folge hat. Um dem daraus entstehenden Säureverlust im Blut entgegenzuwirken, werden die Hirngefässe eng gestellt; es kommt zur Höhenkrankheit.

Erkennbar ist die Höhenkrankheit an

- Innerer Unruhe
- Müdigkeit
- Herzklopfen
- Schwindelgefühl
- Ohrensausen
- Herabgesetzter Leistungsfähigkeit
- Blasser, grauer Gesichtsfarbe
- Kurzen, tiefen Atemzügen
- Bläulicher Verfärbung von Lippen und Haut

Behandlung:
- Rasten
- Den Kranken beruhigen
- Möglichst bald den Abstieg beginnen, dabei auf den Kranken achten, da dessen Leistungsfähigkeit zum Teil sehr eingeschränkt sein kann.

Merke: Medikamente helfen nicht!

Akklimatisationszeiten (Durchschnittswerte):
5000 Meter: 1 Woche
6000 Meter: 2 Wochen

7 000 Meter: 3 Wochen
8 000 Meter: 4 Wochen
Gute körperliche Fitness ist Voraussetzung!

Weiterhin ist in großen Höhen zu beachten:

- Ausreichender Lichtschutz (hoher UV-Anteil der Sonnenstrahlen) für Augen und unbedeckte Körperstellen
- Flüssigkeitshaushalt des Körpers bedenken, da über die Atmung ein großer Wasserverlust – bis zu 6 Liter pro Tag – entstehen kann.

Vorbeugende Maßnahmen:

- Obere Luftwege (Nase, Mund und Rachen) wärmen und befeuchten; vor Flüssigkeitsverlust schützen durch Einfetten der Nasenschleimhäute und Nasenlöcher.
- Wassermangelzeichen beachten:
  a) Urinfarbe (dunkelgelb/braun)
  b) Menge des täglich abgegebenen Urins schätzen lernen (ca. 3/4 bis 1,0 Liter)
- Nahrungsmittel: Viel Kohlehydrate, wenig Fett und Eiweiß
- Viel Trinken, wenn möglich Mineralstoffe hinzusetzen
- Keinen Schnee essen
- Unbedeckte Körperpartien mit Sonnenschutzmittel einreiben (Lichtschutzfaktor beachten) oder diese Stellen bedecken.
- Eine Brille tragen oder –falls nicht vorhanden– selbst anfertigen (s. S. 190).
- Lippen schützen

ZÄHNE

Entzündungen, Abszesse

a) Entzündungen der Zahnnerven

- erkennbar an klopfenden, bohrenden Schmerzen im Bereich eines oder mehrerer Zähne.
- Schmerz bei Kältekontakt (Eis, kaltes Wasser).

Behandlung:
- äußerlich kühle feuchte Umschläge
- Zerkauen von Gewürznelken im Bereich des Zahnes

b) Abszesse

kleiner Abszeß:
- Zahn ist klopfempfindlich, reagiert nicht mehr auf Kälte, starker Schmerz
  Behandlung: mindestens 5 Tage Antibiotikum

großer Abszeß:
- starke Schwellung im Wurzelbereich eine Zahnes
- deutliches Nachlassen der Schmerzen
  Behandlung: Öffnen für Eiterabfluß mit steriler, grober Kanüle (nie am Gaumen!)

Defekte Füllungen

Behandlung: Das Loch mit einer Holz- oder Metallspitze reinigen
- desinfizieren
- Auffüllen des Loches mit Cavit
- aushärten lassen

durch Schlag abgebrochenen Zahn:
- lose Zahnteile entfernen
- abdecken mit Cavit oder Wachs

Zähne ziehen

Zähne werden
- nur im äußersten Notfall und
- nie im akuten Schmerz- oder Entzündungsstadium gezogen!

Instrumentenminimalausstattung:

1 Molarenzange (Molar = Mahlzahn)

1 Praemolarenzange (Praemolar = kl. Backenzahn);
mit dieser können auch Eck- und Schneidezähne gezogen
werden.

Behandlung:
- Zahnzange unter Kontakt der Zangenbranchen am
  Zahn entlang so weit wie möglich unters Zahnfleisch
  schieben
- mehrmals zu beiden Seiten (d. h. nach außen und
  innen) hebeln, bis Zahnlockerung deutlich spürbar
- herausziehen

Nachbehandlung:
- Wunde nicht spülen!
- 1/2 Std. mit Druck auf ein fest zusammengerolltes sauberes Papiertaschentuch beißen
- bei Nachblutungen obige Maßnahme solange wiederholen, bis die Blutung steht
- keine körperliche Anstrengung mindestens 1 Tag

Merke: Vor der Reise rechtzeitigen Zahnarztbesuch,
dabei den Zahnarzt über sein Reisevorhaben
informieren.

WILDNISAPOTHEKE MIT INSTRUMENTEN- UND MEDIKAMENTENLISTE

Die nachfolgend aufgeführte Wildnisapotheke erhebt keinen Anspruch auf Vollständigkeit, sondern stellt lediglich eine von zahlreichen Möglichkeiten dar. Selbstverständlich kann sie je nach Unternehmen, Art, Dauer und Umfang der Tour ergänzt bzw. verkleinert werden.

Die Medikamente sollten am besten in einer gut
schließenden Leichtmetalldose aufbewahrt werden:
Schutz vor Bruch, Feuchtigkeit und Insekten.

Verbandsmaterial

- ☐ Klebepflaster, braun   1 Rolle (5 x 2,5)
- ☐ Chirurgisches Wundpflaster
  (Steri-Strip/Butterfly)   nach Bedarf
- ☐ Sterile Verbandspäckchen   2 Stück
- ☐ Sterile Brandwundenverbands-
  päckchen   2 Stück
- ☐ Sterile Kompressen   2 Stück (8 x 10)
- ☐ Mullbinden   2 Stück (4 x 8)
- ☐ Elastische Binden   1 Stück (5 x 8)
- ☐ Peha-Haftbinde   1 Stück (4 x 8)
- ☐ Wundauflagen (Fucidine o. ä.)   nach Bedarf
- ☐ Brandwunden-Verband
  (Metalline)   1 Stück (60 x 80)
- ☐ Dreieckstuch   1 Stück
- ☐ Wasserfestes Heftpflaster   nach Bedarf
- ☐ Augenklappe   1 Stück
- ☐ Desinfektionsmittel   1 Tupfampulle

Instrumente

- ☐ Splitterpinzette   1 Stück (6,5 cm)
- ☐ Chirurgische Pinzette   1 Stück
- ☐ Schere   1 Stück
- ☐ Einweg-Spritze (2/5/10 ml)   nach Bedarf
- ☐ Injektionsnadeln (versch. Dicke)   10 Stück
- ☐ Infusionsbesteck   2 Stück
- ☐ Sicherheitsnadeln   1 Sortiment
- ☐ Skalpell-Klingen
  (verschiedene)   3 Stück
- ☐ Lange, sterile
  Punktionskanülen   1 Stück
- ☐ Fieberthermometer   1 Stück (stabile
  Ausführung)

Bei Reisen in sehr kalte Gebiete:
☐ Neugeborenenthermometer   1 Stück

Es sind hier nur Beispiele für gängige Medikamente aufge-
führt, die jedoch auch gegen gleich wirkende Produkte
anderer Firmen getauscht werden können.

Einmalspritzen und Infusionsbesteck sollten auch zum
Arztbesuch in fernen Ländern mitgebracht werden, um
sicher zu gehen, mit sterilen Instrumenten behandelt zu
werden.

Medikamente

Es sind hier nur Beispiele für gängige Medikamente aufge-
führt, die auch gegen gleich wirkende Produkte anderer
Firmen ausgetauscht werden können.

☐ Allergie:	Gel mit Antihistaminikum (z. B. Soventol-Gel) Creme mit Cortison (z. B. Soventol H-Creme) generalisierte allergische Reaktionen: Antihistaminikum-Tbl. (z. B. Tavegil-Tbl.) Cortison-Tbl. (z. B. Decortin 50 mg-Tbl.)
☐ Augenerkrankungen:	antibiotische Augensalbe (z. B. Refobacin) antibiotikafreie Augentropfen (z. B. Yxin)
☐ Bauchschmerzen und Kolik:	krampflösendes Schmerz-mittel (z. B. Buscopan plus)
☐ Durchfall:	z. B. Imodium Kapseln
☐ Fieber:	Acetylsalicylsäure (z. B. Aspirin), Paracetamol

☐	starker Flüssigkeits- verlust:	Elektrolyte (z. B. Oralpädon-Tbl.)
☐	grippaler Infekt:	Acetylsalicylsäure (z. B. Aspirin), Halslutschtbl.
☐	Hautpilz:	z. B. Canesten-Creme
☐	Husten und Schnupfen:	z. B. Codipront-Kapseln Nasentropfen (z. B. Otriven)
☐	bakterielle Infektionen:	Antibiotika oder Sulfonamide (z. B. Megacillin, Doxycyclin oder Bactrim forte)
☐	Insektenschutzmittel:	Körperlösung (z. B. Autan)
☐	Magenverstimmung, Sodbrennen:	säurebindende Lutschtbl. (z. B. Gelusil Lac-Tbl.)
☐	Ohrenschmerzen:	z. B. Otalgan-Tropfen
☐	Prellungen, Verstau- chungen, Blutergüsse:	z. B. Voltaren Emulgel
☐	Schmerzen: einfache:	Acetylsalicylsäure (z. B. Aspirin), Paracetamol
	mittlere:	z. B. Gelonida-, Voltaren-Tbl.
	starke:	z. B. Tramal-Tropfen*, Valoron-Kapseln*
☐	Seekrankheit:	Scopoderm-Pflaster
☐	Sonnenbrand:	siehe Allergie
☐	Übelkeit:	z. B. Vomex A-Zäpfchen
☐	Wunden:	desinfizierende Salben (z. B. Braunovidon-, Betaisodona-Salbe)
☐	Zahndefekte, heraus- fallene Plomben:	Cavit

Die Medikamente sollten mit dem Arzt ausgesucht werden,
zumal die mit * gekennzeichneten Medikamente dem Be-
täubungsmittelgesetz unterliegen und mehrere Medikamente verschreibungspflichtig sind. Besprechen Sie die
möglichen Dosierungen und vermerken Sie sie auf dem
Beipackzettel.

9. Fallenbau

ALLGEMEINES

Gleich vorneweg: Schlingenstellen ist verboten und wird streng bestraft. Fallen dürfen nur von ausgebildeten Jägern mit Begehungsrecht für das entsprechende Gebiet gestellt werden. Die nachfolgend gezeigten Beispiele dürfen nur bei akuter Lebensgefahr sowie in unwirtlichen Gebieten angewendet werden.

Fallen und Schlingen müssen täglich kontrolliert werden; jede Tierquälerei über das der Situation zuträgliche Maß hinaus muß vermieden werden.

Die Fallen werden dort gestellt, wo sich Wild aufhält, wo es Nahrung sucht und zur Tränke zieht. Bei Schnee und weichem Boden kann man die Gewohnheiten und Wechsel der Tiere erkennen.

Voraussetzung zum Fangen von Wildtieren ist, daß man Gelände und Eigenheiten des Wildes im entsprechenden Gebiet beobachtet und aufgrund der gesammelten Erkenntnisse die geeignetste Methode wählt.

Ideal sind Stellen, wo das Wild durch eine natürliche Engstelle zieht. Man kann solche „Zwangswechsel" auch selbst bauen (mit Holz, Stämmen, Büschen, Ästen, Steinen, usw.).

Tip: Wild kann man anfüttern!

114

EICHHÖRNCHENFALLE (aus Drahtschlingen)

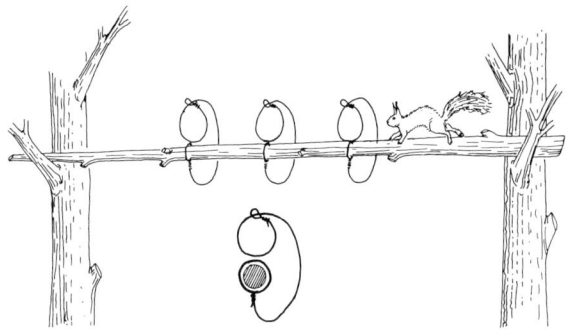

VERSCHIEDENE SCHLINGENFALLEN

Bei der Auslösung der Schlingenfalle wird das gefangene
Tier in die Höhe gerissen.
Vorteile:
- schnellerer Eintritt des Todes
- geringere Möglichkeit des Entkommens
- größere Sicherheit vor Raubtieren

Nachteile:
- man muß das ungefähre Gewicht des zu erwartenden
  Tieres und die Schnellkraft des Baumes abschätzen
  können
  im Winter kann der gespannte Baum festfrieren

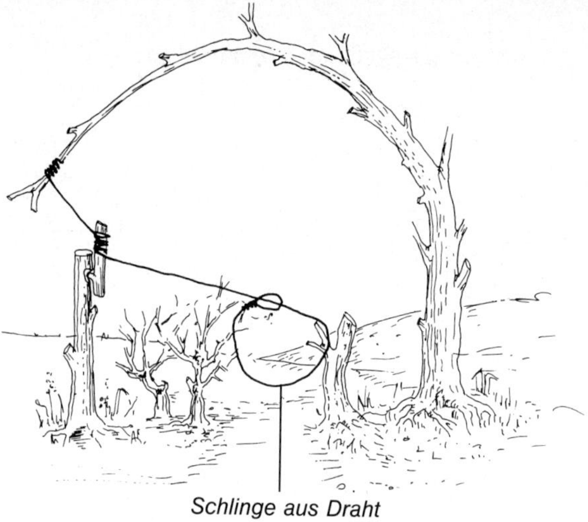

Schlinge aus Draht

Buschwerk

Kaninchenfalle

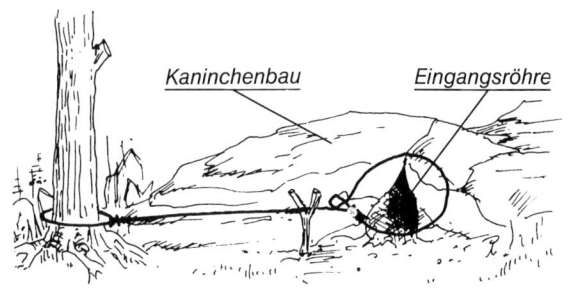

Kaninchenbau   Eingangsröhre

FALLENKASTEN (für Vögel)

Die Größe des Fallenkastens richtet sich nach der zu erwartenden Vogelart. Die abgebildete Falle ist auch gut für eine „Fernbedienung" per Seil- oder Drahtzug geeignet.

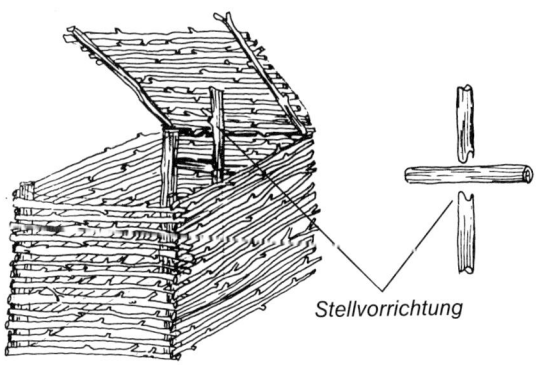

Stellvorrichtung

SCHLAGFALLE

Diese Fallen sind mit entsprechendem Köder für Raubwild (Säugetier- oder Fischteile, Eier u. ä.) oder aber auch für friedliche Kleintiere wie Geflügel oder kleines Haarwild (Anfütterung mit arteigenem Futter wie Maiskolben, Äpfel usw.) geeignet.
Der Köder wird dabei auf dem Tretholz befestigt.
Um friedliche Kleintiere zu fangen, kann die Falle auch per Fernbedienung (Draht, Schnur) ausgelöst werden.

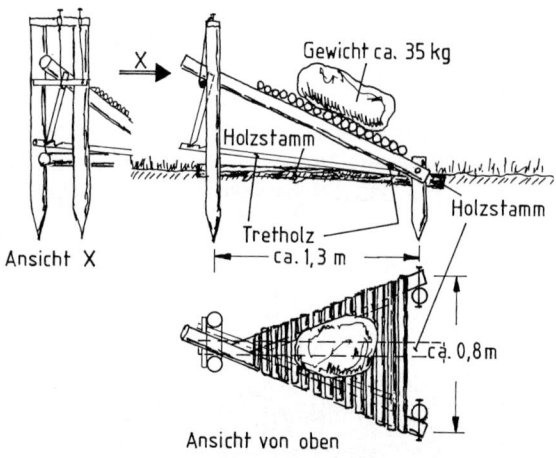

Merke: Wild (v. a. Raubwild) reagiert sehr empfindlich auf menschliche Gerüche, daher beim Aufbau und Beschicken der Falle versuchen, keine Duftmarken zu hinterlassen.

FISCHFALLE

Die Fischfalle wird in Stromrichtung angelegt; wichtig ist, die Stamm- oder Steinlücken abzudichten. Wasser muß jedoch noch durchfließen können, da sonst der Wasserdruck zu hoch wird. Um den Fang zu beschleunigen, kann man in Strömungsrichtung auf die Falle zulaufen und so die Fische hineintreiben.

Strömung

10. Vorbereitung der erbeuteten Tiere

FISCHE

Den Fisch gleich nach dem Fang mit einem harten Gegenstand (Knüppel, Messerrücken oder Axt, je nach Größe des Tieres) auf den Kopf schlagen; danach mit einem Schnitt durch das Rückgrat töten.

Mit dem Messer entschuppen, anschließend den Bauch aufschneiden und die Eingeweide entfernen; die Flossen, den Schwanz –eventuell auch den Kopf– abschneiden (Verwertung möglich, z. B. als Fischsuppe).

HASE, KANINCHEN

Das Tier an den Hinterläufen hochnehmen und mit der Handkante oder einem Knüppel kräftig ins Genick schlagen.

GEFLÜGEL

Je nach Größe des erbeuteten Tieres entweder den Hals umdrehen, mit Beil oder Machete den Kopf abschlagen oder mit einem Knüppel, Spaten o. ä. auf den Kopf schlagen.

Je nach Größe des Tieres und der Bodenbeschaffenheit kann es vorteilhaft sein, den Kopf des Tieres auf eine feste Unterlage zu legen.

GRÖSSERES WILD (Rotwild, Rehwild usw.)

Bei Fluchtunfähigkeit:

– Wenn eine Schußwaffe vorhanden ist, *unbedingt* Fangschuß zum Töten bevorzugen.
– Man sollte den Schuß von hinten auf die Wirbelsäule im Halsbereich plazieren, d. h. an die Stelle, wo die Wirbelsäule in den Kopf übergeht

– sehr fester Schlag mit einem starken Knüppel, Eisenstange, Wagenheber o. ä. hinter die Lauscher (Ohren),
– Abfangen (Erstechen) mit dem Messer. Sehr gefährlich wegen Verletzungsgefahr durch Geweih, Läufe.
Das *stabile* Messer wird von schräg oben ins Blatt (hinter der Schulter in den Brustkorb Richtung Herz) gestoßen; durch mehrmaliges schnelles Zurückziehen und Vorstoßen bei *gleichzeitigem* leichten Drehen des

Messers tritt der Tod sofort ein durch die Verletzung des Herzens sowie durch das Eindringen von Luft in den Brustraum (Lunge kollabiert).
– Man sollte schnell und effektiv zur Sache gehen, um dem Tier unnötige Leiden zu ersparen.
– Je größer das zu tötende Tier ist, desto größer wird die Gefahr für den Menschen (durch das Nähern des Menschen kann das Tier wieder auf die Läufe kommen und eventuell angreifen).
Verletzungsgefahr durch Geweih und schlagende Läufe.

Merke: Beim Abfangen versuchen, den Kopf mit einer Hand oder mit dem Fuß auf den Boden zu drücken.

HAARWILD

Fleischfressendes Haarwild ist nur bedingt genießbar. Vorsicht auch bei Fleisch- und Allesfressern, z. B. Sau oder Bär wegen Trichinengefahr.
Dieses Fleisch darf nur gut gekocht, *niemals* roh verzehrt werden!

AUSNEHMEN UND ABBALGEN

Geflügel
Rupfen der Federn (falls möglich, das Tier vor dem Rupfen kurz in heißes Wasser tauchen – die Federn lösen sich

dann leichter). Manchmal gelingt es auch, die gesamte Haut mit den Federn abzuziehen; Federreste brennt man am Feuer ab. Ist der Kopf des Tieres noch vorhanden, schneidet man ihn ebenso wie die Ständer (Beine) ab. Zum Ausnehmen legt man das Tier auf den Rücken. Mit dem Messer schneidet man das Tier vom After bis zum Brustbein auf (Vorsicht walten lassen, um die Därme nicht zu verletzen).

Anschließend werden die Innereien herausgelöst; an der Leber sitzt die Galle (Ausnahme Taube), die vorsichtig entfernt werden muß. Alle Innereien vom Geflügel sind eßbar.

Haarwild

Das tote Tier auf den Rücken drehen. Mit dem Messer vom Waidloch (After) mit einem durchlaufenden Schnitt über den Bauchbereich, Brustkorb, Hals bis zum Kopfansatz tief aufschneiden. Dabei ist die Messerklinge zwischen den gespreizten Fingern der anderen Hand zu führen, um ein Verletzen der Innereien zu vermeiden (die beiden Finger liegen unter der Decke).

Die nun freiliegende Speise- und Luftröhre wird am Kopf unterhalb der Kinnladen abgeschnitten (Vorsicht, aus der Speiseröhre kann Speisebrei austreten – verknoten). Dann vorsichtig den Magen und den Darm aus dem Tier nehmen. Drossel und Schlund (Luft- und Speiseröhre) dann herausziehen. Herz und Lunge hängen mit daran. Der Magen kann gereinigt verwendet werden; Leber, Lunge, Herz und Nieren sind gekocht oder gebraten zu verwerten. Das Zwerchfell –die Haut zwischen dem Magen-/Darm- und Herz-/Lungenbereich– wird entfernt.

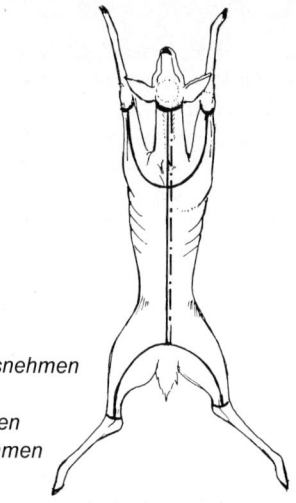

*Schnitte zum Ausnehmen
und Abbalgen*
——— = *Abbalgen*
—··—·· = *Ausnehmen*

Das Schloß –die Verbindung der Beckenknochen– wird mit dem Messer aufgeschnitten. Bei größeren Tieren benötigt man Beil, Machete oder Säge. Die beiden Hauptadern an der Innenseite der Oberschenkel sollten geöffnet werden. Den Wildkörper am Träger (Hals) aufhängen und ausbluten lassen. Ein zwischen die gespreizten Hinterläufe geklemmter Stock sorgt für eine gute Durchlüftung des Tierkörpers. Ist der Körper innen verunreinigt, mit Wasser ausspülen.

Vorsicht:
Säugetiere und Vögel (außer Tauben, Pferden und Cerviden –Reh-, Rotwild–) haben an der Leber die Gallenblase, die vorsichtig entfernt werden muß, da sie –einmal ausgelaufen– das Fleisch geschmacklich nahezu ungenießbar macht.

Wild sollte sofort nach dem Tod ausgenommen und an einem kühlen, schattigen Ort fliegensicher aufbewahrt werden. Beim Abbalgen schneidet man Kopf und Läufe ab. Die Decke (Fell) wird von Fleisch- und Fettresten gesäubert und danach entweder gut eingesalzen kühl aufbewahrt oder auf einen Rahmen gespannt und getrocknet.

MESSER SCHLEIFEN

Beim Messerschleifen wird die Schneide des Messers fest mit dem vorhandenen, konstruktionsbedingten Schleifwinkel (ca. 20–30°) auf den nassen Schleifstein gedrückt (je nach Ausführung Spezialöl, Petroleum oder Wasser benutzen). Unter Beibehaltung dieses Winkels zieht man das Messer schräg gegen die Schneide auf sich zu; jeweils zwei Züge mit nach links und zwei Züge mit nach rechts geneigtem Klingenrücken ausführen.

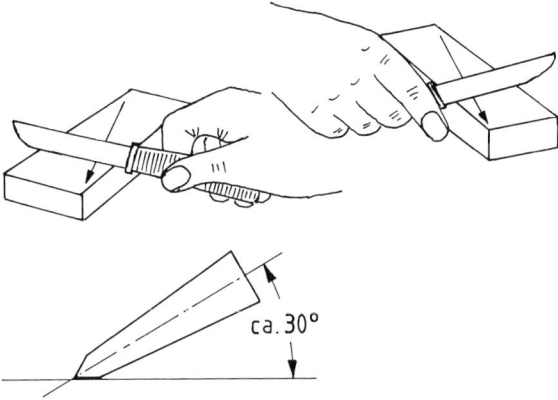

ca. 30°

11. Nahrungskonservierung

HALTBARMACHEN VON FISCH

Eine Mischung aus 70 % Salz und 30 % Zucker anfertigen.
Die filetierten Fische mit dieser Mischung einreiben und in
ein wasserdichtes Behältnis (Plastiktüte, Eimer, Kochge-
schirr) legen. Über Nacht in kaltes Wasser stellen.
Am Morgen danach die entstandene Salzlauge abgießen.
Der so behandelte Fisch bleibt –je nach Witterung– bis zu
10 Tagen haltbar.

**VERSCHIEDENE MÖGLICHKEITEN DER FLEISCHKON-
SERVIERUNG**

- In dünne Scheiben schneiden und stark salzen;
  anschließend das Fleisch kühl aufbewahren.
- Das Fleisch in schmale Streifen (ca. 1 cm) schneiden
  und in der Nähe von Feuer trocknen; in geeigneten
  Gebieten ist auch eine reine Lufttrocknung möglich.
- Räuchern

HERSTELLUNG VON „PEMMIKAN"

Getrocknete Fleischstreifen zerstampfen, mit Fett und –falls
vorhanden– mit Gemüseteilen ergänzen; sehr nahrhaft und
kalorienreich. Pemmikan ist wochenlang haltbar.

12. Brot selbstgemacht

VON DEN ZUTATEN BIS ZUR TEIGHERSTELLUNG

Zutaten:
Mehl, Trockenhefe oder Backpulver, Holzmehl zum Strek-
ken des Mehls, Wasser.
Zur Geschmacksverbesserung und falls vorhanden:
Wahlweise Salz, Zucker, Zwiebeln, Speck, Mohn, Kümmel,
Rosinen, Reis, Haferflocken, Schokolade, alle Arten von
Beeren, Fleischstückchen, Wurst usw.

Teigherstellung:
Mehl mit Wasser mischen; Hefe oder Backpulver hinzuge-
ben (10 bis 20 Gramm pro 500 Gramm Teig). Holzmehl oder
andere Zutaten nach Wunsch gut kneten. Der Teig muß gut
formbar sein, soll aber nicht mehr kleben. Kleine, flache
Wecken formen.

Herstellung von Holzmehl:
Will man Holzmehl herstellen, durchsticht man eine Blech-
dose oder ein flaches Stück Blech mehrmals mit einem
Nagel oder Dorn und benützt es als Reibe-Ersatz. Trockenes Holz verwenden.
Mit einem länger brennenden Feuer ein gutes Glutbett
schaffen; möglichst nicht auf offener Flamme, sondern auf
dem Glutbett backen.

BACKEN IN DER ALUFOLIE

Die Wecken in Alufolie wickeln, in die Glut legen und zusätzlich mit Glut bedecken.

DIE „STEIN"-METHODE

Steinplatten in das Feuer legen und erhitzen; das Restmehl auf die herausgenommenen Steine streuen (es darf nicht verbrennen). Die Wecken auf die heißen Platten legen und mit einem Topf abdecken. Glut über den Topf geben. Backzeit etwa 40 Minuten.

DAS GANZE IM TOPF...

Die Wecken in einen geschlossenen Topf oder ins Eßgeschirr legen (das Behältnis vorher mit Mehl ausstreuen); die Wecken dürfen den Topfrand oder -deckel nicht berühren. Die Glut wegräumen und den Topf auf die Erde stellen, wo sich vorher das Feuer befand. Glut um den Topf schichten und auf den Deckel geben. Backzeit etwa 40 bis 50 Minuten.

... UND IN DER PFANNE

Den Pfannenboden mit Mehl bestreuen, die Wecken daraufgeben. Wieder darauf achten, daß der Pfannenrand nicht berührt wird; die Pfanne in die Glut stellen. Der Vorgang muß immer beaufsichtigt werden. Sobald das Mehl leicht zu rauchen beginnt, die Wecken wenden. Das Wenden ersetzt die Oberhitze bei den anderen genannten Methoden.

Ein Brot ist fertig, wenn es eine braune Kruste hat, beim Beklopfen hohl klingt und beim Einstechen kein Teig mehr am Messer oder Holzspieß hängenbleibt.

13. Aufbewahren von Nahrung

SCHUTZ DER LEBENSMITTEL

Die Lebensmittel je nach Gebiet vor Fliegen, Mäusen, Eichhörnchen, Ameisen, Affen und Vögeln, aber auch vor Raubwild (z. B. Bären) schützen.
Möglichkeiten:
– Mückennetze
– Töpfe oder andere Behältnisse
– in den Rauch hängen
– bei Bärengefahr mindestens 3,50 Meter hoch frei zwischen zwei Bäume hängen.

ABFALLBESEITIGUNG

In raubtiergefährdeten Gegenden die Zubereitung von geschlachteten Tieren weit weg vom eigentlichen Lager vornehmen. Ebenso Speisereste und Abfälle weiter weg deponieren, bzw. verbrennen oder vergraben.

14. Wildwachsende Pflanzen

Eine Ernährung auf der Basis wildwachsender Pflanzen (Früchte, Pilze etc.) ist nur dann ratsam, wenn *profunde* botanische Kenntnisse gegeben sind und eine Verwechslung mit ungenießbaren oder giftigen Pflanzen sicher ausscheidet. Geschmacksproben (bitter, süß, salzig oder sauer) sind meist wenig hilfreich, selten sind Giftpflanzen –Giftpilze oft gar nicht– im Geschmack auffällig. Vor allem in tropischen Gebieten wechseln Früchte mitunter ihre Geschmacksqualitäten, sind mitunter wohlschmeckend, in einer anderen Region dagegen ungenießbar. Bestenfalls holt man sich einen verdorbenen Magen.

15. Kochstellen- und Ofenbau

EINIGE BEISPIELE

Falls man kein Metallgefäß
zur Verfügung hat, läßt
sich aus Birkenrinde, Alu-
Folie oder wasser*dichtem*
Stoff ein Behältnis anfertigen.
Erhitzte kleine Steine in
das mit Wasser gefüllte
Gefäß geben; schon nach
kurzer Zeit hat man
heißes Wasser.

132

Das Flächenkochfeuer

Beim Flächenkochfeuer muß der Topf nicht aufgehängt werden, da es eine gerade Stellfläche bietet.

Einfachöfen

Einfachöfen lassen sich aus Konservendosen, einem Eßgeschirr, Blecheimern oder kleineren Ölfässern fertigen. Ihr Vorteil:

- bedingt auch im Zelt oder in der Notunterkunft einsetzbar
- es werden wesentlich geringere Holzmengen als bei einem Lagerfeuer benötigt
- gut zum Transport von Feuer oder Glut zu verwenden.

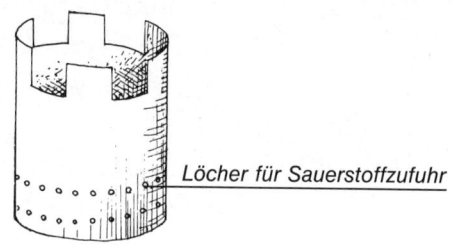

Löcher für Sauerstoffzufuhr

Ein Backofen aus Steinplatten

Seitenansicht im Schnitt

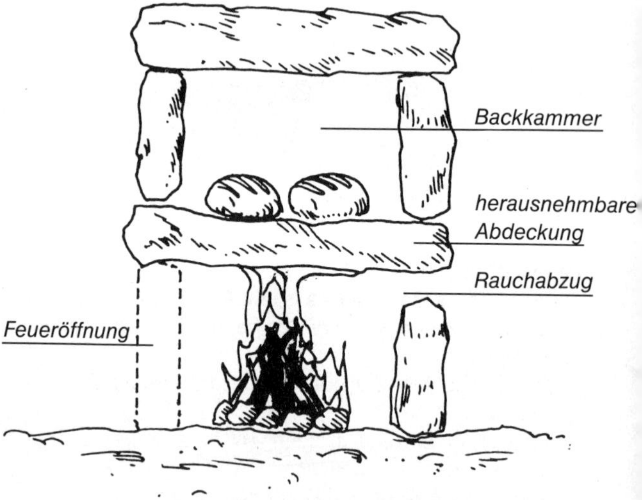

Backkammer

herausnehmbare Abdeckung

Rauchabzug

Feueröffnung

Der Räucherofen

Zu fertigen aus Steinplatten, Lehm, aber auch aus Blechteilen.

Seitenansicht im Schnitt

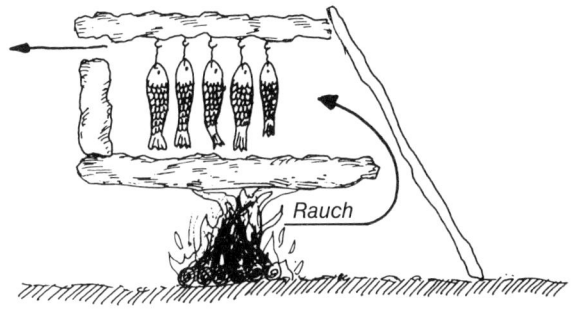

Rauch

Räucher- oder Trockengestell

*Plastikplane oder
sonstige Abdeckung*

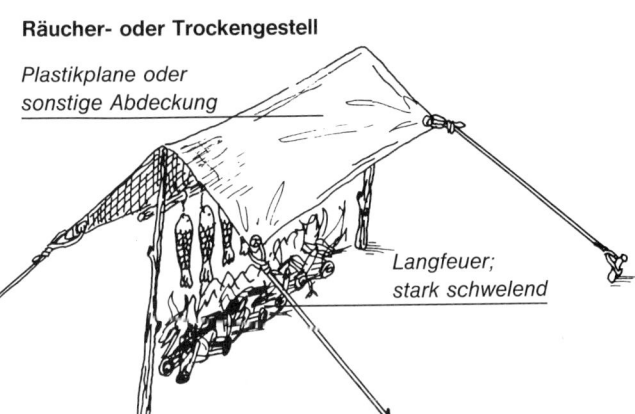

Langfeuer;
stark schwelend

IV. SEILE UND KNOTEN

MASTWURF

Der Mastwurf wird verwendet, um ein Seil, auf das anschließend Zug ausgeübt werden soll, an freistehenden Gegenständen wie Bäumen, Stangen, Felsen o. ä. zu befestigen.

SEILVERBINDUNG ODER KREUZKNOTEN

Der Kreuzknoten dient zum Verbinden zweier gleich dicker Seile.

Merke: Die beiden kurzen Enden müssen auf einer Seite liegen!

ACHTERKNOTEN

Der Achterknoten eignet sich gut für Steigschlingen, als Seilschlaufe oder als Seilverbindung. Der Knoten ist auch *nach* Belastung wieder zu lösen.

KLEMMKNOTEN

Mit dem Klemmknoten ist es möglich, an einem vorhandenen straffen Seil eine Seilverbindung zu schaffen. Er ist ein idealer Knoten für die Selbstbergung, den Flaschenzugbau oder zur Sicherung am Fixseil. Je nach Seilart, -stärke und Seilstärkenverhältnis verwendet man 2–4 Umschlingungen. Der Klemmknoten funktioniert auch an Drahtseilen und Metallstangen.

Bestes Seilstärkenverhältnis: 2:1 bis 5:4
Beispiel: Fixseil: $\varnothing$ 10 mm
       Hilfsseil: $\varnothing$ 4–8 mm

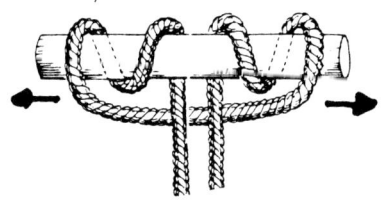

PALSTEK

Der Palstek ist ein Knoten zur Herstellung einer sich nicht zusammenziehenden Seilschlinge. Er ist nach Entlastung wieder gut lösbar.

16. Hindernis Fluß

GESICHERTE FLUSSÜBERQUERUNG

- Immer die Schuhe anlassen (Verletzungsgefahr!)
- Falls Rucksack auf dem Rücken, alle Gurte lockern; Hüftgurt offen lassen, Rucksack im Gefahrenfall abwerfen
- Den Rucksack gesondert sichern (Verbindungsseil zum Ufer)
- Blickrichtung immer *zur* Strömung (geringster Wasserwiderstand)
- Bei sehr kaltem Wasser, falls vorhanden, eine schnelltrocknende Regenhose und -jacke auf der nackten Haut tragen
- ein Stock als „drittes Bein" ist sehr hilfreich
- bei schwierigen Überquerungen angeseilt gehen (s. S. 150, „behelfsmäßiger Brustgurt")
- Fluß bei niedrigstem Wasserstand überqueren.
  Meist ist das Wasser bei Gebirgsbächen am Morgen niedriger, da die Sonne im Laufe des Tages den Schnee schmilzt.
- Zum Sichern möglichst dünne Seile benutzen, da der Wasserwiderstand eines Seiles beachtlich ist.

Merke: Bei sehr reißenden Flüssen, ab einer gewissen Breite muß man meist auf ein Sicherungsseil verzichten, da der Mensch den **Wasserdruck auf das Seil (!)** nicht mehr halten kann.

Vorgehensweise bei einer Flußüberquerung mit drei Personen

1. Stufe: A überquert den Fluß   B und C sichern

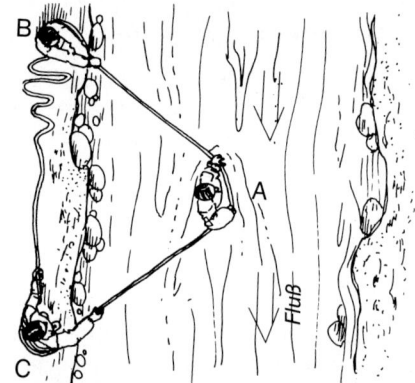

*2. Stufe: C überquert den Fluß
A und B sichern von beiden Ufern aus*

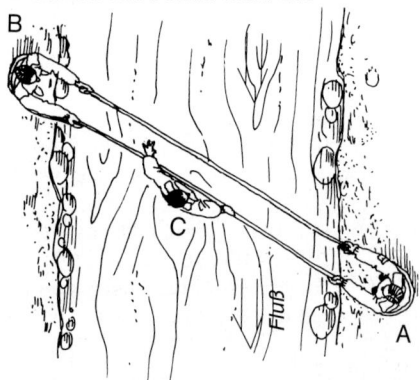

3. Stufe: B überquert als letzter den Fluß
A und C sichern

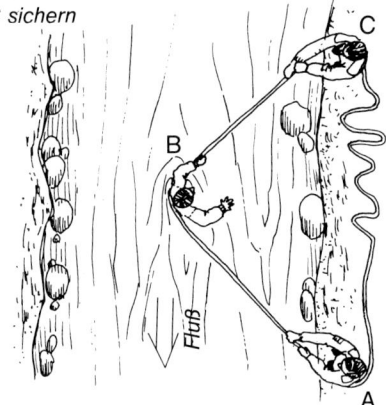

Einzelüberquerung mit Selbstsicherung an festem Gegenstand im Gelände

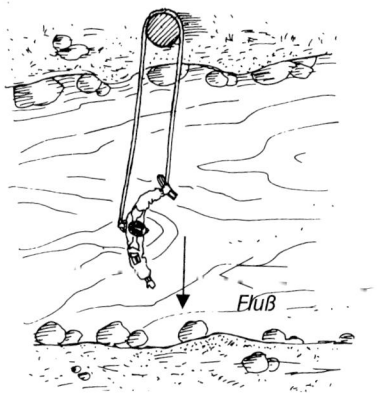

BERECHNUNG DER SEILKRÄFTE

Um einen sicheren Transport von Material oder Personen über Flüsse, Schluchten o. ä. zu gewährleisten, muß man sich vorher im Groben über die auftretenden Seilkräfte im klaren sein.

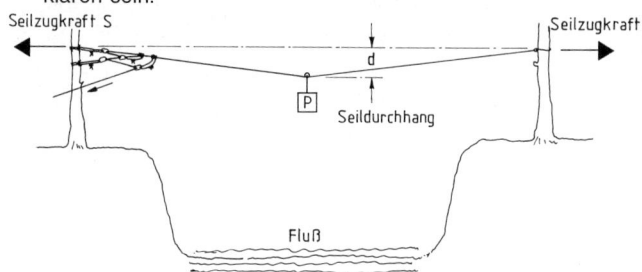

Berechnung der Seilkräfte

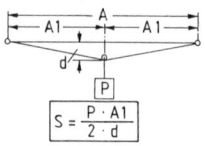

$$S = \frac{P \cdot A1}{2 \cdot d}$$

Es bedeuten:
S = Seilzugkraft in kp
A = Abstand Seilbe-
festigung in m
A1 = A/2 in m
d = Seildurchhang
in m (schätzen)
P = Gewicht in kp
(Mensch oder Gepäck)

Beispiele:

1. Abstand A = 30 m,
   Durchhang d = 1 m
   Gewicht P = 100 kp,
   A1 = A/2 = 30/2
   = 15 m
   Seilzugkraft:
   $$S = \frac{100 \cdot 15}{2 \cdot 1} = \underline{750 \text{ kp}}$$

2. Abstand A = 50 m,
   Durchhang d = 1,5 m
   Gewicht P = 100 kp,
   A1 = A/2 = 50/2
   = 25 m
   Seilzugkraft:
   $$S = \frac{100 \cdot 25}{2 \cdot 1,5} = \underline{834 \text{ kp}}$$

Anmerkung:

Vor einiger Zeit wurde die Bezeichnung „Kilopond" durch „Newton" ersetzt: 1 Kp = 9.81 N.

Wegen der besseren Verständlichkeit habe ich jedoch die alte Bezeichnung beibehalten.

Bei diesen Berechnungen ist noch keine Seilsicherheit eingerechnet. Man sollte mindestens eine 3-fache Sicherheit einkalkulieren! Knoten reduzieren die Seilsicherheit um bis zu 50 %.

> *Merke:* Je größer der Durchhang, desto geringer die Seilzugkraft!

BAU EINES FLASCHENZUGES

Benutzbar zum Überqueren von Flüssen, Schluchten usw. am Hängeseil oder zur Bergung von Gegenständen und Personen.

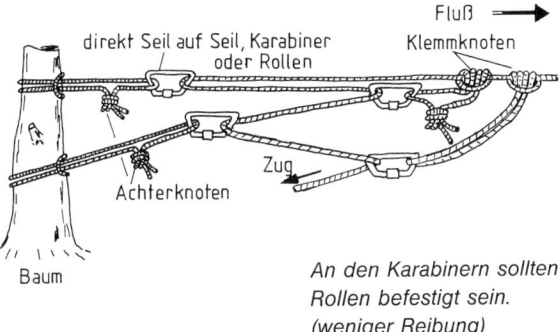

An den Karabinern sollten Rollen befestigt sein. (weniger Reibung)

143

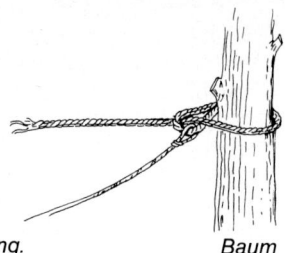

Hilfsseil zum späteren
Abziehen des Hauptseiles
z. B. bei einer Flußüberquerung.   *Baum*

FLUSSÜBERQUERUNG AM HÄNGESEIL

Das Seil wird mit einem Flaschenzug gespannt (Festigkeit
des Seiles beachten!).
Wichtig für den Transport von Personen:
– *immer* mit Brust-/Sitzgurt am Hängeseil sichern
– wenn möglich, zusätzlich Verbindungsleine zu beiden
  Ufern (bei Schwierigkeiten kann die transportierte Person an eines der beiden Ufer gezogen werden).

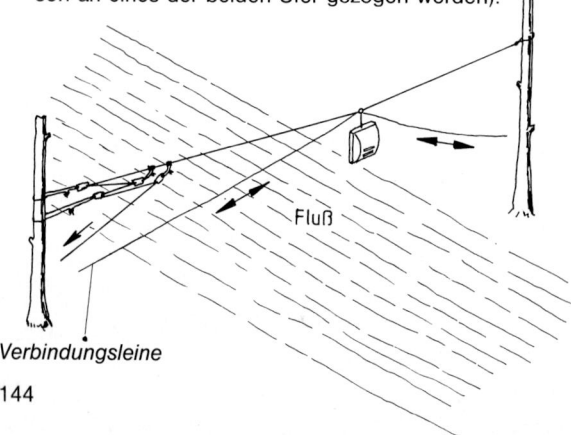

Fluß

Verbindungsleine

144

SEILSPANNUNG OHNE FLASCHENZUG

Falls man keine Möglichkeit hat, einen Flaschenzug zur
Reduzierung der Kräfte zu bauen, kann man über ein
Hebelsystem das Hauptseil spannen. Es sind allerdings
mindestens zwei Personen dazu nötig.

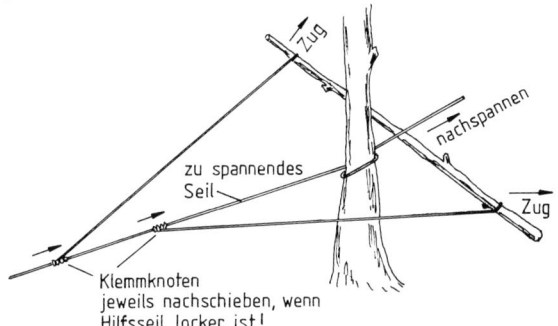

DIE „EINFACH-SEILSPANN-METHODE"

Man spannt über einen im Seil geknüpften Achterknoten
und erhält somit auf einfache Art einen „Miniflaschenzug".
Dieses System läßt sich zur Sicherung, zum Verpacken,
zum Spannen und beim Verladen benutzen.

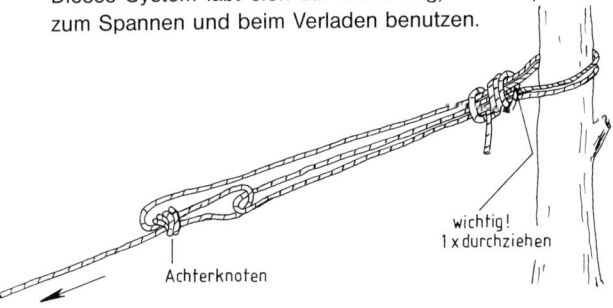

BRÜCKENBAU

2 bis 4 gegabelte, vom Gewicht her noch bewegbare Stämme werden über einen selbstgebauten Dreibock oder einen nahe am Ufer stehenden Baum geschoben (s. Zeichnung).

Die Gabeln dürfen dabei nicht das Übergewicht bekommen (Sturzgefahr in den Fluß). Je nach Flußbreite und Stammgewicht muß man die einzelnen Stämme mit Seilen fixieren. Liegen die Gabeln fest und stabil, wird ein weiterer *ungegabelter* Stamm an das andere Ufer geschoben; dieser Stamm darf das Übergewicht erst dann bekommen, wenn dessen Spitze das andere Ufer erreicht hat. Sollten die Stämme von der Länge her zu schwer werden, kann es vorteilhafter sein, dünnere Stämme aneinander zu binden; man bekommt somit die erforderliche Länge, muß aber nicht das hohe Gewicht eines gewachsenen, langen Stammes bewegen – ein System, das nur mit mehreren Personen anzuwenden ist.

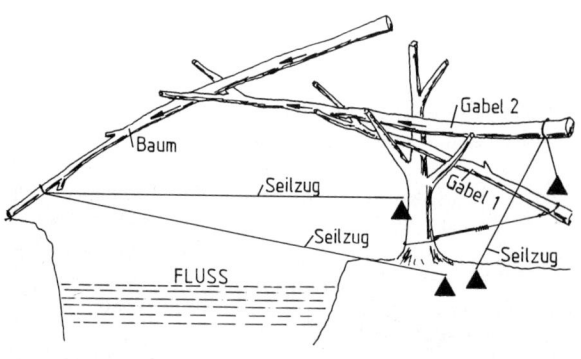

146

*Wahlweise kann man auch einen
Dreibock anstelle eines Baumes
verwenden.*

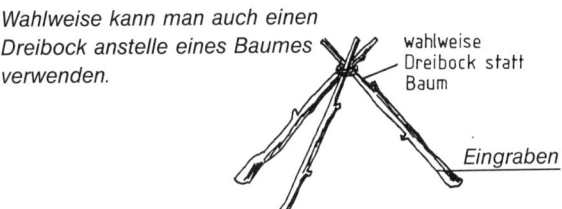

wahlweise
Dreibock statt
Baum

Eingraben

DAS RICHTIGE FÄLLEN VON BÄUMEN

– Gestrüpp und Äste im Arbeitsbereich rund um den zu
  fällenden Baum entfernen.
– Im Durchmesser der *doppelten* Baumlänge dürfen sich
  keine Menschen, Tiere oder zerstörbare Ausrüstung
  befinden.
– Um den geringsten Weg zur Verarbeitungsstätte einzu-
  halten, wird die Fallrichtung bestimmt. (auf Bäume achten, die in Fallrichtung stehen!)
– Beim Fällen von mehreren Bäumen ein Übereinander-
  fallen verhindern.
– Den natürlichen Überhang eines Baumes bei der Wahl
  der Fallrichtung einkalkulieren.
– In schwierigen Fällen die Fallrichtung unter Zuhilfenahme eines Flaschenzuges beeinflussen (s. S. 129).
– Am zu fällenden Baum ist zuerst die Fallkerbe – $\frac{1}{5}$ bis $\frac{1}{3}$
  des Baumdurchmessers – anzubringen. Es wird zuerst
  das Dach, also der schräge Schnitt ausgeführt; darauf
  folgt der untere, gerade Schnitt. Die beiden Schnitte
  sollen sich genau treffen. Das so entstandene Dreieck
  wird entfernt. Die beiden Ecken dieses Schnittes – verlängert auf der Mittelpunktlinie des Baumes – ergeben
  die ungefähre Fallrichtung.

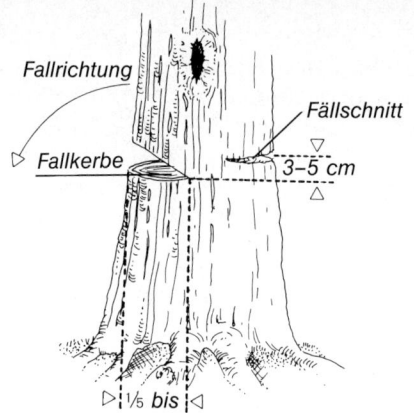

Fallrichtung

Fällschnitt

3–5 cm

Fallkerbe

▷ 1/5 *bis* ◁
1/3 *des Stammdurchmessers*

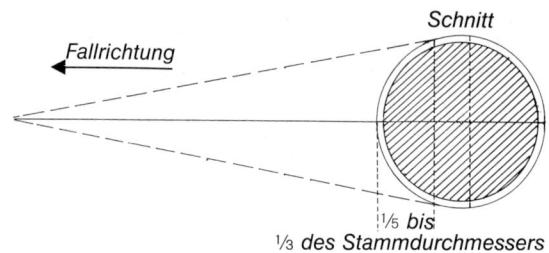

Fallrichtung

Schnitt

1/5 *bis*
1/3 *des Stammdurchmessers*

doppelte Baumlänge

- Der Fällschnitt wird 3 bis 5 cm *höher* als die Sohle der Fallkerbe gesetzt. Man verhindert durch diese Treppe im Stamm, daß der Baum nach hinten wegrutscht.
- Sollte die Säge klemmen, Keile *hinter* der Säge in den Schnitt treiben: der Schnitt wird erweitert und die Säge kommt frei.
- Zeigt der Baum die ersten Anzeichen des Fallens, die Säge entfernen und sich seitlich vom fallenden Baum halten; während des Fallens sofort laut und deutlich eventuelle Partner/Kameraden warnen.
- Den Baum beim Fallen beobachten, um aus der Gefahrenzone zu bleiben.

Sollte der Baum schräg an einem anderen Baum hängenbleiben, dann

a) zuerst an der Oberseite eine Fallkerbe anbringen,

b) anschließend von unten her einen Fällschnitt machen.

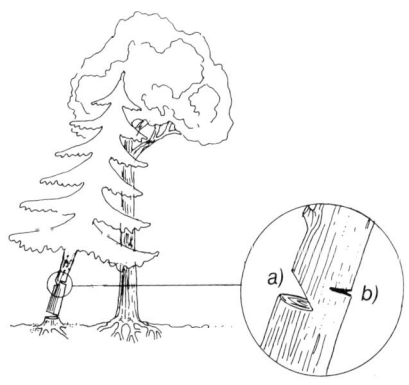

Durch diese Maßnahme wird an dem festgeklemmten Baum ein Stück Stamm herausgetrennt; der obere Teil des Baumes fällt zunächst senkrecht auf den Boden und kommt anschließend wieder zum Kippen. Gelegentlich muß diese Maßnahme mehrmals wiederholt werden bis der Baum genügend Freiheit zum kompletten Umfallen hat.

Merke: Äußerste Vorsicht walten lassen! Ein hängengebliebener Baum steht unter Spannung und kann sich auch völlig unkontrolliert verhalten.

Bricht ein Ast beim Biegen oder während des Einsatzes, so flickt man diesen mit Draht oder Schnur. Alle Aststümpfe sind sauber zu glätten, um eine Beschädigung oder ein Durchstoßen der Plane oder Zeltbahn zu vermeiden!

Ist kein geeignetes Holz für die doch recht eng zu biegenden Spanten zu finden, kann man mittels einer Kreuzkonstruktion oder durch eingebaute Kastensegmente auch weniger biegsames Holz zur Herstellung des Bootsrumpfes verwenden.

17. Fortbewegungsmöglichkeit Wasser

ANFERTIGUNG EINES NOTBOOTES

Das Boot wird aus *dünnen*, biegsamen Ästen hergestellt. Das Bootsgerüst wird mit einer Zeltbahn, Tierhaut oder einer Plastikplane bespannt. Der Bootsrumpf wird mit Laub, Gras oder Fichtenzweigen gefüllt, um ein Durchtreten des Behelfsbodens zu verhindern. Die Länge und Breite des Bootes ergibt sich durch die Planengröße. Sich nur auf die Spanten setzen oder treten!

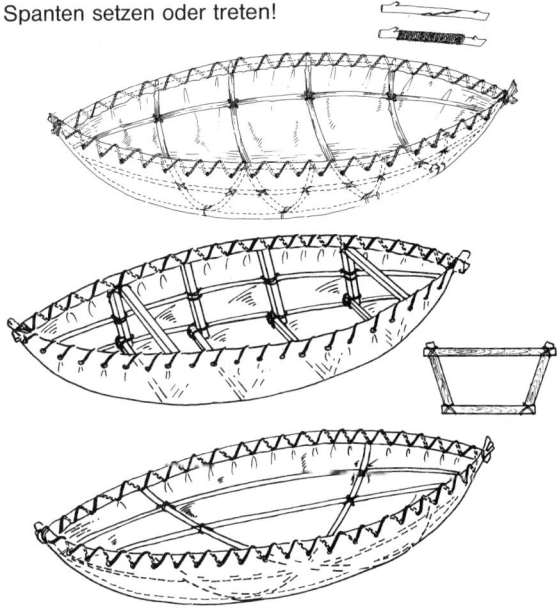

BAU EINES FLOSSES MIT AUFTRIEBSKÖRPERN

Man bindet Äste mit Seilen zu einem leichten Holzrahmen zusammen, der zusätzlich diagonal verspannt wird. Je nach Verwendungszweck kann der Boden mit dünnen Ästen vervollständigt werden oder auch unbedeckt bleiben. Die Auftriebskörper (Autoschläuche, Plastik- oder Blechkanister, Tonnen, Luftballons) werden unter dem Holzrahmen befestigt.

Wichtig: Die gesamte Seilkonstruktion muß sehr straff sein, da es durch die Eigenbewegung des Floßes automatisch zu einer Lockerung kommt.

Ideal ist, wenn man Ratschgurte zur Verfügung hat, da hiermit die ganze Konstruktion wesentlich straffer wird.

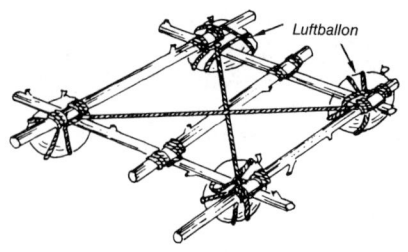

Luftballon

AUFTRIEBSFÄHIGKEIT LUFTGEFÜLLTER GEGEN-STÄNDE

Das Volumen der eingeschlossenen Luft in Litern, abzüglich des Eigengewichts der gesamten Konstruktion (z. B. Holzrahmen eines leichten Flosses) ergibt bei einem Sicherheitsfaktor von 20 bis 30 % die Tragfähigkeit.

Beispiel: 4 Gegenstände
mit je 50 Ltr. Luftinhalt   = 200 kp Auftrieb
Die Rahmenkonstruktion u.
die Behälter wiegen etwa   70 kp
Sicherheitsfaktor   ca. 50 kp
Verbleiben als
Tragfähigkeit etwa   80 kp

Volumenberechnung eines zylinderförmigen Körpers:

V = Volumen
p = 3,14
d = Durchmesser
h = Höhe

Formel: $V = \dfrac{p \times d^2 \times h}{4}$

$V = 0{,}785 \times d^2 \times h$

Beispiel: d = 0,5 m
h = 2 m
$V = 0{,}785 \times 0{,}5^2 \times 2$
$= 0{,}785 \times 0{,}25 \times 2$
$= 0{,}393 \ m^3$

Volumenberechnung einer Kugel:

Formel: $\dfrac{4}{3} \times \pi \times r^3 = 4.1888 \times r^3$ $\pi \approx 3.14$

r = Radius = 1/2 Durchmesser

Zur schnellen Berechnung:
Der Inhalt einer Kugel mit einem bestimmten Durchmesser beträgt etwas mehr als 50 % (52,36 %) eines Würfels mit der selben Kantenlänge.

Beispiel:
Das Volumen eines Würfels mit 4 cm Kantenlänge beträgt $4 \times 4 \times 4 = 64 \ cm^3$.
Das Volumen einer Kugel mit einem Durchmesser von 4 cm beträgt $\dfrac{4}{3} \times \pi \times 2^3 = 4.1888 \times 8 = 33{,}51 \ cm^3$.

Tragfähigkeit = Auftrieb des Volumeninhaltes abzüglich
des Gewichtes des Behältnisses

Entspricht das Gewicht des transportierten Objektes der errechneten Tragfähigkeit, so befindet sich der Schwimmkörper in der Schwebe. Daher Sicherheitsfaktor einkalkulieren, um den Schwimmkörper wirklich zum Schwimmen (über der Wasseroberfläche) zu bringen.

HILFSMITTEL LUFTBALLON

Luftballons sind ein gutes Allround-Hilfsmittel. Sie werden verwendet als Kentersäcke am Notboot, als Auftrieb für ein Stangenfloß oder als Schwimmwestenersatz unter der Jacke getragen.

> *Merke:* Die Luftballons müssen durch geeignete Umhüllung (Rucksack, Schlafsackbeutel, Plastik- oder Kartoffelsäcke) gegen Beschädigung geschützt werden.

Übrigens: Kondome erfüllen den gleichen, wenn nicht sogar einen besseren Zweck, da sie stabiler sind.

HOLZFLOSS

Sind keine Auftriebskörper vorhanden, muß man auf ein reines Holzfloß zurückgreifen.

Methode für den Bau eines kleinen Holzfloßes:

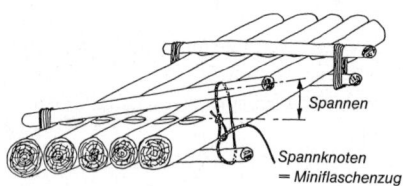

Spannen

Spannknoten
= Miniflaschenzug

Nachteile des Holzfloßes:
- schwer und unhandlich (kann wegen des hohen Gewichtes nur im Wasser gebaut werden)
- wesentlich zeitintensiver (Bäume müssen gefällt und ins Wasser transportiert werden)

TRAGFÄHIGKEIT VON HOLZ

Es handelt sich hier nur um einen Durchschnittswert, da die Tragfähigkeit je nach Holzart und Feuchtigkeitsgehalt variiert.

Trockenes Holz: Den Festmeter (=Kubikmeter) durch 5 dividiert, ergibt die Tragfähigkeit in Tonnen $(\frac{m^3}{5}=t)$.

Beispiel: $1/5 = 0,2$ Tonnen $= 200$ kg, d. h. die Tragfähigkeit von einem Kubikmeter Holz beträgt 200 kp.

Anmerkung: Vor einiger Zeit wurde die Bezeichnung „Kilo pond" durch „Newton" ersetzt: 1 kp = 9,81 N.
Wegen der besseren Verständlichkeit habe ich jedoch die alte Bezeichnung beibehalten.

SCHWIMMHILFEN

Als Schwimmhilfe kann alles dienen, was aufgrund seiner Dichte schwimmfähig ist oder sich mit Luft füllen und/oder luftdicht verschließen läßt.

Luftballons

- Autoschläuche
- leere Kanister
- Luftballons
- Brett(er)
- Äste
- wasserdichte Beutel, usw.

DIE STRÖMUNGSGESCHWINDIGKEIT

Um die Strömungsgeschwindigkeit eines Flusses heraus-
zufinden, steckt man eine Strecke am Ufer parallel zum Fluß
ab (z. B. 10 m). Einen schwimmenden Gegenstand in die
Hauptströmung werfen; die Zeit stoppen, die der Gegenstand zum Passieren der beiden Markierungen benötigt
(z. B. 5 sek.).

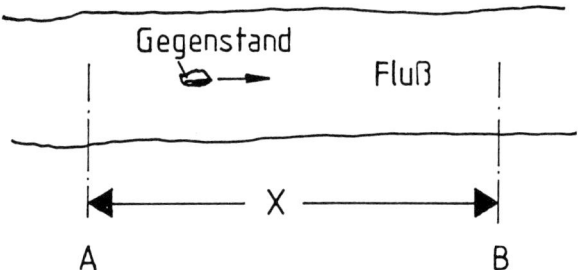

Gegenstand

Fluß

A

B

Mit Hilfe eines Dreisatzes kann nun die Geschwindigkeit des Flusses pro Stunde (3600 sek.) berechnet werden:

5 sek. = 10 m

3600 sek. = x

daraus folgt: $x = \dfrac{10 \times 3600}{5} = 7200$ m

Der Fluß fließt mit 7,2 km pro Stunde.

GESCHWINDIGKEITSBERECHNUNG EINES WASSER-FAHRZEUGES VOM FAHRZEUG AUS

Markierung z. B. an Bug und Heck. Abstand der beiden Markierungen messen. Stoppen der Zeit, die ein im Wasser schwimmender Gegenstand benötigt, die beiden Markierungen zu passieren.

Beispiel:

Abstand 5 Meter, gemessene Zeit 5 sek.

5 sek. = 5 m

3600 sek. = x

daraus folgt: $x = \dfrac{5 \times 3600}{5} = 3600$ m

Das Wasserfahrzeug legt in der Stunde 3,6 km zurück (stehendes Gewässer).

Bei fließendem Gewässer muß man die Fließgeschwindigkeit des Flusses berücksichtigen.

Bergauf: Gemessene Geschwindigkeit minus Fließgeschwindigkeit des Flusses

Bergab: Gemessene Geschwindigkeit plus Fließgeschwindigkeit des Flusses

18. Abseilen

GRUNDLEGENDES

- Das Seil immer doppelt nehmen, um es nachher wieder abziehen zu können (Abb. 1).
- Sich vorher überzeugen, daß die halbierte Seillänge bis zum gewünschten Standplatz reicht.
- Die beiden Seilenden verknoten.
- Den Befestigungspunkt auf ausreichende Haltbarkeit überprüfen.

Abb. 1

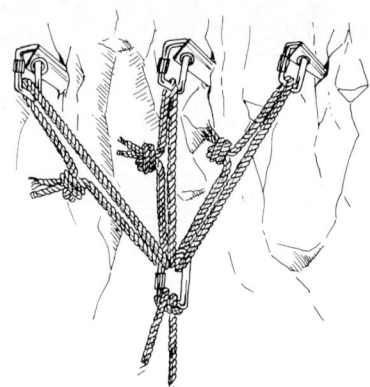

Abb. 2

- Erscheint ein Befestigungspunkt unsicher, den Zug des Seils auf mehrere Befestigungspunkte verteilen (Abb. 2).
- Am Standplatz Selbstsicherung anbringen, z.B. mit Hilfe eines Klemmknotens (Abb. 3).

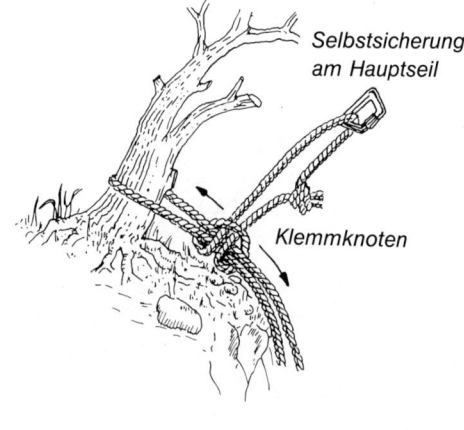

Selbstsicherung am Hauptseil

Klemmknoten

Abb. 3

ABSEILEN MIT HALBMASTWURF UND KARABINER
(Vorsicht, hohe Seilbelastung!)

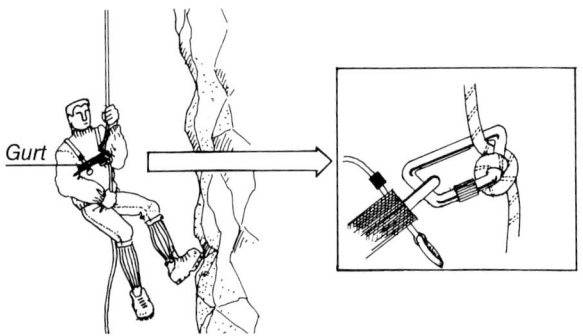

Gurt

ABSEILEN MIT ABSEIL-ACHTER UND ZUSÄTZLICHER KLEMMKNOTEN-SICHERUNG
(auch ohne Karabiner möglich)

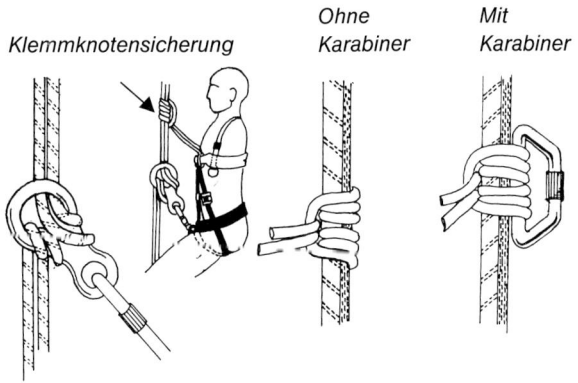

Klemmknotensicherung

Ohne Karabiner

Mit Karabiner

SICHERN MIT ABSEIL-ACHTER

Ein (Abseil-)Achter ist ein im Bergsporthandel erhältliches
Gerät zum Sichern und Abseilen; er ist aus Leichtmetall
gefertigt und gewährleistet durch seine großen Umlenk-
radien eine sehr seilschonende Behandlung.

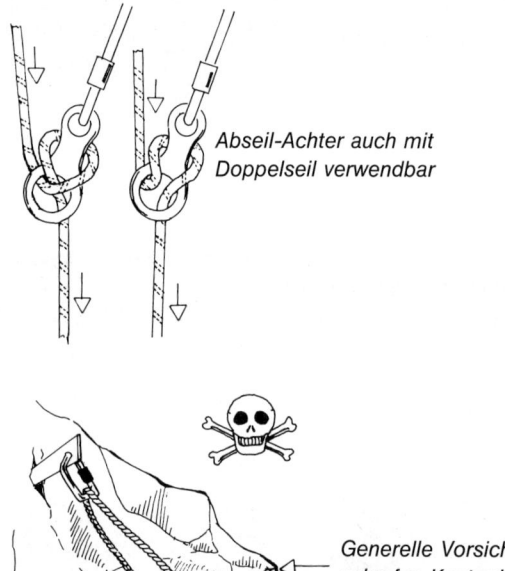

*Abseil-Achter auch mit
Doppelseil verwendbar*

*Generelle Vorsicht bei
scharfen Kanten!*
*Gefahr des Durch-
scheuerns*

SICHERN MIT HALBMASTWURF

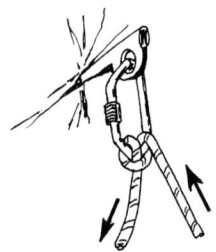

DIE SEILVERLÄNGERUNG

Ist die Abseillänge größer als die halbe Seillänge, muß das Seil verlängert werden.

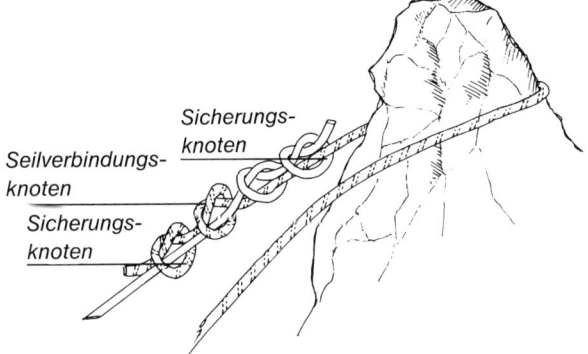

Sicherungs-knoten

Seilverbindungs-knoten

Sicherungs-knoten

163

DER DÜLFERSITZ

Abseilen mit
Selbstsicherung
und Standschlinge
am Seilende

Durch starke Reibung
an der Schulter besteht
Verletzungsgefahr!

*Sicherungs-
Klemmknoten*

Zur Vorsicht sollte man
sich bei der Dülfersitz-
Methode mit einem zu-
sätzlichen Klemmknoten
(Seil/Körper) sichern.

ca. 1 m

*Standschlinge kurz
vor dem Seilende
anbringen*

Provisorischer Brustgurt

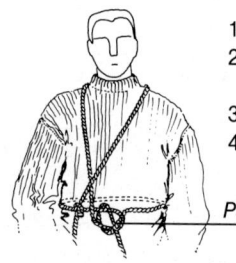

1. Seil um den Bauch führen
2. Palstek-Knoten (zieht sich nicht
   zu, s. S. 124)
3. Seil um den Nacken führen
4. mit einfachem Knoten am
   Bauchseil befestigen

Palstek-Knoten

BRUCHLASTEN VON KERNMANTEL-REEPSCHNÜREN

Die folgenden Werte gelten als durchschnittliche Angaben; immer die entsprechenden Firmen-/Herstellerangaben beachten!

Durchmesser	Bruchlast
3 mm	180 kp
4 mm	320 kp
5 mm	500 kp
6 mm	750 kp
7 mm	990 kp
8 mm	1350 kp
9 mm	1950 kp
10 mm	2200 kp
11 mm	2800 kp

Merke: Knoten senken die Bruchlast um bis zu 50 %!

VERANKERUNGEN IM SCHNEE, SCHLAMM ODER ERDREICH

Man verwendet den Erdanker, wenn für die Befestigung eines Seiles kein fester Punkt (Fels, Baum usw.) im Gelände vorhanden ist.
Er eignet sich zum Befestigen von Seilen, Flaschenzügen oder Rollen, zum Bergen von Gerät oder Menschen sowie zum Abseilen. Ebenso ist er hilfreich beim Brückenbau, bei der Gletscherbergung, Materialborgung und Kfz-Bergung (s. entsprechende Kapitel).
Geeignet sind dazu z. B. Ersatzreifen, Skier, Rucksäcke, Kleidungsstücke, Holzbalken usw..
Der dem jeweiligen Belastungsstand entsprechend große

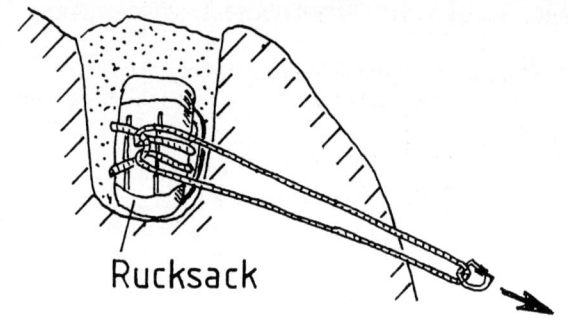

Rucksack

Gegenstand wird dabei mit dem befestigten Seil in einem Erd-, Schlamm- oder Schneeloch tief eingegraben. Kommt nun Zug auf das Seil, so gräbt sich dieses zusätzlich, je nach Bodenbeschaffenheit, mehr oder weniger tief in das Erdreich ein (das unter Zug gesetzte Seil versucht immer, eine gerade Linie zu bilden).

19. Bergen

DIE SELBSTBERGUNG (AUF- UND ABSTEIGEN AM SEIL)

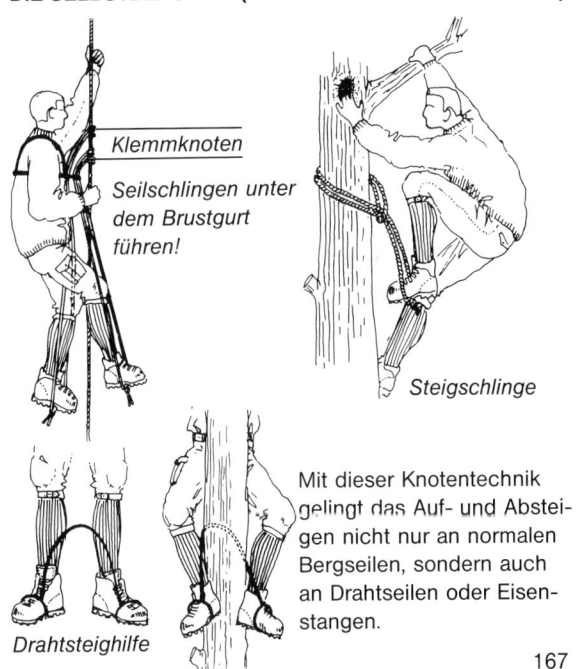

Klemmknoten

Seilschlingen unter dem Brustgurt führen!

Steigschlinge

Drahtsteighilfe

Mit dieser Knotentechnik gelingt das Auf- und Absteigen nicht nur an normalen Bergseilen, sondern auch an Drahtseilen oder Eisenstangen.

BERGUNG MIT HILFE EINES FLASCHENZUGES

Bei Fehlen von Befestigungsmöglichkeiten im Gelände wird ein möglichst sperriger Gegenstand, an dem ein einfacher oder doppelter Flaschenzug – je nach Gewicht des zu bergenden Objektes – befestigt ist, in einem Erd- oder Schneeloch als Gegenlager vergraben.

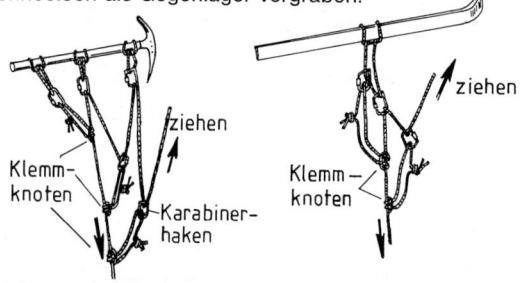

Doppelter Flaschenzug   **Einfacher Flaschenzug**

Diese Art der Bergung eignet sich besonders als Spalten- und Gletscherbergung.

Bergung (z. B. aus einer Gletscherspalte)
Die Möglichkeit der Bergung eines mindestens noch bedingt aktionsfähigen Menschen wird hier am Beispiel einer Gletscherspalten-Bergung erläutert. Diese Rettungsidee kann aber auch an jeder anderen schwer zu ersteigenden Wand (Stolleneinbruch, Haus, Felsen, Schlucht usw.) benutzt werden.

> *Merke:* In den Gletschergebieten immer angeseilt gehen!

Vorgehensweise: Nach Einbruch des Partners in eine Gletscherspalte wird sofort eine Sicherung hergestellt. Dies kann das schnelle Eingraben des Pickels oder das Befestigen des Seiles an einem vorhandenen fixen Geländepunkt (Fels, Baum usw.) sein. Dies ist wichtig, um ein evt. Weiterstürzen zu unterbinden.

Während des Einbruches muß versucht werden, bei möglichst großer eigener Sicherheit den Sturz des Partners zu bremsen.

Der Gestürzte muß dann an diesem nun fixen Seil eine Fußseilschlinge mit einem Klemmknoten befestigen. Diese Seilschlinge muß zwischen Körper und Brustgurt geführt werden, um ein Abkippen des Körpers um den „Drehpunkt Fuß" zu verhindern. Durch dieses Führen der Seilschlinge am Brustgurt wird der Drehpunkt des Körpers in den Mittelpunkt des menschlichen Körpers verlagert.

Ideal ist, wenn beim Begehen von Gletschergebieten schon vorher eine bis zwei Fußschlingen am Verbindungsseil eingeknotet werden.

Der Seilzweite bindet sich nun aus der Seilverbindung, schafft sich aber sofort eine Selbstsicherung im Gelände. Nun wird am Seil ein Karabiner eingehängt und zum Verunfallten herabgelassen. Dieser befestigt ihn am Brustgurt. Nun wird der Verunglückte durch wechselweises Ziehen von oben und Nachschieben der Fußschlinge langsam nach oben gebracht. Zum Teil ist es schwierig, den Partner über die meist rechtwinklige Kante des Ausstieges zu bekommen.

Ist der Gestürzte verletzt und kann keine Hilfe bei seiner Rettung leisten, muß nach Sicherung des Partners mit Hilfe eines Flaschenzuges versucht werden, ihn zu bergen. Kommt kein Kontakt vor der Rettung zustande, weil der Verunglückte bewußtlos ist, muß man vielleicht zuerst sich zu dem Partner abseilen, um ihn ärztlich zu versorgen. Dabei ist wichtig, den eigenen Rückweg zu sichern (Selbstbergung).

SPALTENBERGUNG

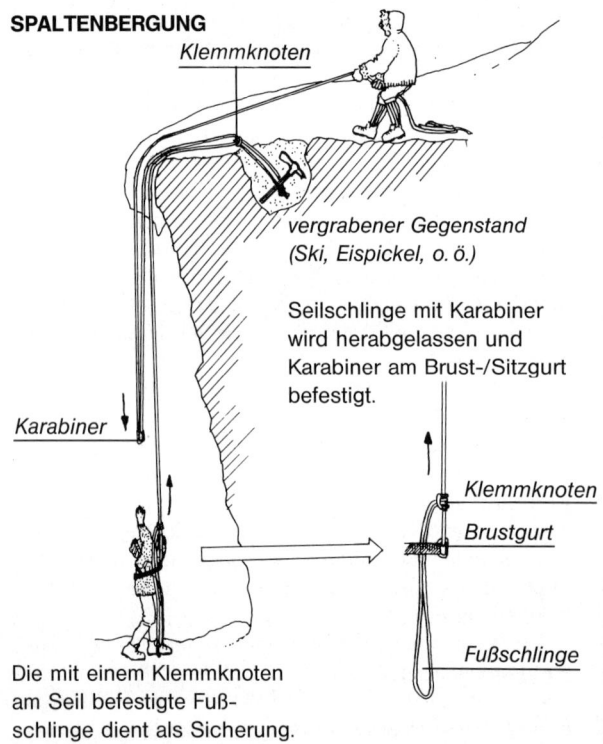

Klemmknoten

vergrabener Gegenstand
(Ski, Eispickel, o. ö.)

Seilschlinge mit Karabiner wird herabgelassen und Karabiner am Brust-/Sitzgurt befestigt.

Karabiner

Klemmknoten

Brustgurt

Fußschlinge

Die mit einem Klemmknoten am Seil befestigte Fußschlinge dient als Sicherung.

170

20. Hilfsmaßnahmen für draußen

MASSNAHMEN ZUR ABLENKUNG DES TIERES

Pferd will nicht stillhalten (Schmerzen oder Nervosität):

Maßnahmen zur Ablenkung:
1. Oberlippe mit einer Hand fest umgreifen und drehen oder ziehen.
2. Einen Strick um die Oberlippe legen und mit Hilfe eines Knebels festdrehen (Vorsicht: der Strick darf nicht zu dünn sein, um ein Einschneiden zu vermeiden).
3. Ohr greifen und nach unten ziehen.
4. Das Ohr drehen.

VERHINDERUNG DES AUSSCHLAGENS

– Finen Fuß hochheben lassen.
– Den Schweif zur Seite oder –noch besser– nach oben biegen (z. B. beim Fiebermessen).
– den Schweif zwischen den Hinterbeinen zur seitlichen Brustwand ziehen und festhalten oder am Hals festbinden.

ÖFFNEN DES MAULS

– In die seitliche Zahnlücke zwischen die Eckzähne und Backenzähne greifen, die Zunge herausziehen und festhalten.
– Einen Keil zwischen die obere und untere Zahnreihe schieben.

VERLETZUNGEN

Wundversorgung

Ein Wundverband sollte sich zusammensetzen aus:
– steriler Wundabdeckung aus nicht fusselndem Material
– dicker Wattepolsterung, v. a. am Vorderfußwurzel- und Sprunggelenk, da sonst die Haut absterben kann
– selbstklebender Binde.

Um ein Abrutschen des Verbandes am Pferdebein zu verhindern, muß der Verband von unten nach oben aufgebaut werden.

Bei Verletzungen am Körper können zur Befestigung (Decken-) Gurte, Vorderzeug, Martingal, Schweifriemen oder einfach Klebebänder verwendet werden.

Starke Blutungen werden mit einem Druckverband versorgt, auf keinen Fall abgebunden. (Beim Pferd sind Blutverluste bis zu 8 (!) l nicht bedrohlich!). Eine chirurgische Wundversorgung muß innerhalb der ersten 3–4 Stunden erfolgen, da später eine Wundnaht kaum noch möglich ist (siehe auch Kapitel 8). Vorsicht mit Desinfektionsmitteln (Spray u. ä.): niemals in offene Wunden bringen, da diese sonst nicht mehr genäht werden können!

Nageltritt

1) Den Nagel entfernen.
2) Das Loch trichterförmig ausschneiden.

3) Desinfizieren (s. Medikamentenliste, S. 98)
4) Anlegen eines Verbandes (Sackverband). Ein Sack
   wird auf den Boden gelegt, der Pferdehuf daraufge-
   stellt; anschließend die Ecken des Verbandes hoch-
   klappen und mit einer Schnur an der Röhre (Mittelfuß-
   knochen) festbinden.

Größere Hufverletzungen

Größere Hufverletzungen –vor allem an der Hufsohle–
benötigen einen Druckverband, da sonst die Gefahr
besteht, daß die Huflederhaut vorfällt. Watte oder ähnliches
in die Verletzung und in die gesamte Sohlenwölbung stopfen; festwickeln und einen Sackverband anlegen.

Ballen- oder Kronentritt

Manche Pferde treten sich selbst auf Ballen und Kronrän-
der. Es kann dabei zu Schürfverletzungen kommen.
Behandlung:
– Haare an der Wunde abschneiden.
– Die Wunde auswaschen.
– Abhängende Hautlappen wegschneiden.
– Trockenen Verband anlegen (eine Salbe ist meist nicht
  nötig).

Hufrehe

Die Hufrehe ist eine nicht infektiöse, sehr schmerzhafte
Entzündung der Huflederhaut, meist an den Vorderbeinen;
sie kann unter anderem auch durch eine Überlastung her-
vorgerufen werden.
Erkennen: Klammer Gang, sägebockartige Beinstellung,
Gewichtsverlagerung auf die Hinterfüße, heißer Kronrand,
Pulsieren der Blutgefäße.

Behandlung:
- Das Pferd stehen lassen.
- auf weichen Boden stellen.
- bei beschlagenen Pferden die beiden vordersten Hufnägel ziehen, den Zehenaufzug entfernen.
- die Zehenwand dünn raspeln.
- Die Beine kühlen: fließendes Wasser oder Umschläge
  (nicht heiß werden lassen).
- Sackverband mit guter Polsterung der Sohle: das
  Gewicht des Tieres soll von der *gesamten* Sohle getragen werden.
- Aderlaß: siehe bei „Kreuzverschlag".

Satteldruck
Im Anfangsstadium flache Schwellung in der Sattellage,
heiß und schmerzhaft.
Behandlung:
- Kühlen mit kaltem Wasser.
- Anschließend kühlende und schwellungsmindernde
  Salben (Sportsalben aus der Humanmedizin) auftragen.
- Wenn möglich, das Tier nicht mehr satteln, bis die
  Schwellung abgeklungen ist; ansonsten polstern, um
  die Druckstelle zu entlasten.
- im fortgeschrittenem Stadium (offene Wunde), das
  Pferd nicht reiten und Wundsalben (Lebertran, Zink)
  auftragen.
Vorbeugung:
- Guter Sitz des Sattels.
- Vor Beginn des Rittes Vorderbeine einzeln nach vorne
  herausziehen (Falten unter dem Gurt verstreichen).
- Am Ende des Rittes die letzte Viertelstunde das Pferd
  bei gelockertem Sattelgurt führen; dies führt zu einer

174

besseren Durchblutung der Sattellage (Massage-Effekt).
- Nach dem Absatteln die Sattellage mit kaltem Wasser reinigen (Säuberung/Massage/Abhärtung).

Einschuß

„Einschuß" ist eine plötzlich auftretende, starke Schwellung der Unterhaut, die durch das Eindringen von Bakterien über kleine Verletzungen bedingt ist.

Erkennen: Ein Bein schwillt plötzlich stark an, die Haut ist teigig und heiß; Fieber (Normaltemperatur: 37.5–38,0°C).

Behandlung:
- Penicillin in den Brustmuskel (zwischen den Vorderbeinen) spritzen,
- Angußverband über das gesamte Bein (Aufbau des Verbands: Watte, Mullbinde, aufgeschnittene Plastiktüte, Mullbinde). Kaltes Wasser in die Plastiktüte gießen.

In der Anfangsphase (akute Entzündung) den Verband nie warm werden lassen; ständig Wasser nachgießen.

In der fortgeschrittenen, chronischen Phase (2–3 Tage später) nur noch dreimal täglich angießen. Der Wechsel zwischen kalt und warm (durch körpereigene Aufheizung erwärmt sich der Verband) regt die Durchblutung und den Heilvorgang an.

Verstauchung

Es ist meist keine äußere Verletzung zu sehen. Das Pferd lahmt und eine Sehne bzw. ein Gelenk wird dick und heiß und fühlt sich schwammig an.

Behandlung:
- die entsprechende Stelle kühlen, z. B.
- das Tier in einen Bach stellen,

- mit Wasser übergießen,
- Anfertigung eines Angußverbands (nicht warm werden lassen),
- Auftragen kühlender Gels (Sportsalben)

Druckstellen durch Gebiß
- Das Gebiß länger oder kürzer schnallen.
- Falls möglich, das Tier ohne Gebiß reiten.

AUGENERKRANKUNGEN

Als Ursache können Infektionen, Reizungen durch Staub, Gräser oder Verletzungen durch Äste und Gestrüpp in Frage kommen.
Behandlung:
- Antibiotische Augensalben aus der Humanmedizin verabreichen.

NASENBLUTEN

Tritt meist bei Vollblütern auf; zumeist harmlos.
Ursache: kleine Lungenrisse bei extremer Belastung des Tieres.
Behandlung:
- Das Pferd in Ruhe lassen; normalerweise keine Behandlung nötig.

SCHLUNDVERSTOPFUNG

Bei einer Schlundverstopfung ist ohne Tierarzt keine Hilfe möglich.
Aber: Rasches Erkennen kann für das Pferd lebensrettend sein, da hohe Gefahr für eine Lungenentzündung durch Einatmen von Futter und Speichel besteht.

Anzeichen:
Nach dem Fressen von Äpfeln, Rübenschnitzel u. ä.
- plötzliches Stoppen der Futteraufnahme
- Würgereiz
- Speichelfluß
- Nasenausfluß mit Futterteilchen

KOLIK

Unter Kolik versteht man einen schmerzhaften Zustand im Bauchbereich.

Anzeichen:
- Pferd schlägt mit den Hinterbeinen gegen den Bauch.
- Es frißt nicht.
- Starkes Schwitzen des Tieres.
- Das Pferd wälzt sich am Boden.
- Es liegt und sieht nach hinten.
- Legt man sein Ohr auf die Flanken, sind nur wenig oder keine Darmgeräusche hörbar (normal sind etwa 3 Darmbewegungen innerhalb 2 Minuten – „Knurren"–).
- Beschleunigter Puls (normal: 32–45 Schläge in der Minute)

Der Puls ist fühlbar an:
- der Gesichtsarterie am Unterkieferrand dicht vor den „Ganaschen"
- an der Vorhand an der Hauptmittelfußarterie hinter dem inneren Griffelbein oder an
- der Hinterhand an der Hauptmittelfußarterie dicht vor dem äußeren Griffelbein

Behandlung (nur in *leichten* Fällen ohne Tierarzt möglich):
- Das Futter entfernen.
- Pferd eindecken, um Erkältungen durch Schwitzen zu vermeiden.

- Das Tier nicht hinlegen lassen, wenn Verletzungsgefahr durch Wälzen besteht (z. B. durch Anschlagen oder heftiges Hinwerfen); ansonsten schadet Wälzen bei leichten Koliken nicht.
- Das Pferd führen, um die Darmbewegung anzuregen und Verletzungen zu vermeiden.

KREUZVERSCHLAG

Akute, sehr schmerzhafte Entzündung der Kruppen- und Rückenmuskulatur nach starker Belastung oder längeren Ruhepausen mit guter Fütterung.

Erkennbar an:
- schwankendem Gang bis zum Umfallen
- Plötzlichem Stehenbleiben
- Harter und schmerzhafter Rückenmuskulatur
- Dunkelbraunem Urin

Behandlung:
- Pferd *sofort* für mehrere Stunden stehen lassen
- Eindecken
- Viel Wasser trinken lassen (evtl. süßen – es schmeckt dem Tier besser)
- Ein Schmerzmittel spritzen, falls vorhanden (ca. 12- fache Erwachsenen-Dosis).
- Aderlaß:
  1) mit dem linken Daumen die linke Halsvene stauen (befindet sich in der Rinne seitlich am Hals).
  2) eine dicke Kanüle kopfwärts einstechen.
  3) Mindestens 7–10 Liter Blut herauslaufen lassen (dies bewirkt eine Blutverdünnung und somit auch eine Verdünnung der Giftstoffe, die sich durch Muskelschaden im Blut befinden).

SCHLAUCHÖDEM

Das Anschwellen des Schlauches (Vorhaut) beim Hengst oder Wallach ist durch die Verstopfung kleiner Blutgefäße bedingt. Außer der Schwellung des Schlauches fühlt sich die Haut kalt und teigig an.

Behandlung:
- Schlauch kalt abspritzen
- Vorsichtige, aber ständige Bewegung des Tieres.

NESSELSUCHT

Beetartige bis knotige Erhebungen in der Haut des gesamten Körpers; kein Juckreiz. Ursachen können Insektenstiche, Pilzbefall des Futters oder Staubeinatmung über das Futter sein.

Behandlung:
- Das Pferd (den gesamten Körper) mit Wasser übergießen.
- Bei einzelnen Stichen mit nachfolgender Schwellung hilft das Auftragen von zusammenziehenden Mitteln (z. B. Zink-Lotion oder kalter schwarzer Tee).

HITZSCHLAG

Kann sich bei harter Arbeit und gleichzeitiger starker Sonneneinstrahlung einstellen.

Erkennbar an
- hohem Fieber über 40° *ohne* Schweißausbruch und
- Benommenheit

Behandlung:
- Das Pferd mit kaltem Wasser übergießen (vor allem den Kopf kühlen!)
- In den Schatten bringen

PFERDEMEDIKAMENTE

Wundsalben: Zink- oder Lebertransalben

Augenmedikamente: siehe Humanmedizin

Desinfektionsmittel: Bei *Hufverletzungen* helfen jodhaltige Präparate, z. B.: Betaisodona, Braunol oder Kaliumpermanganatlösung (Vorsicht mit Kupfervitriol, da schwere Lederhautverätzungen entstehen!).

Bei *Hautverletzungen* kann beispielsweise Seifenlauge, Ballistol oder Kaliumpermanganatlösung zum Einsatz kommen.

Antibiotika: Ein Antibiotikum kann wegen der zu verabreichenden hohen Dosis nur gespritzt werden (1 Mega = 1 Million internationale Einheiten – bei Kleinpferden, 2 Mega bei Großpferden). Gespritzt wird i. d. Regel 1 x täglich; (von Wirkungsdauer des Antibiotikums abhängig) mindestens 3 Tage lang.

Impfungen: Eine Tetanusimpfung ist wichtig, da Pferde gegen Wundstarrkrampf äußerst empfindlich sind; ebenso empfiehlt sich eine Tollwutimpfung in gefährdeten Gebieten.

HUFBESCHLAGKONTROLLE

Die Eisenkontrolle sollte generell vor dem Abritt und bei der Ankunft gemacht werden. Folgende Punkte sind zu kontrollieren:

- Die Eisen dürfen – wenn man an den Schenkelenden zieht – kein Spiel aufweisen; ansonsten Nägel nachziehen, evtl. ersetzen.
- Hufeisen dürfen nicht vom Horn überwachsen sein: bei deutlich überwachsenem Horn neu beschlagen.
- Sind die Eisen im Zehenbereich zu stark abgelaufen, riskiert man eine Bruchgefahr; in diesem Fall: neuer Beschlag.
- Die Nagelnieten (Teil des Hufnagels, der durch die seitliche Hufwand kommt) müssen alle vorhanden sein und *flach* an der Hufwand anliegen. Ansonsten die entsprechende(n) Nagelniete(n) mit Zange und Hammer neu anziehen.

Merke: Nagelniete nie an die Hufwand klopfen ohne vorher anzuziehen; sonst wird der Kopf gelockert, und es besteht die Gefahr des Abreißens!

- Alle Nagelköpfe müssen im Eisen vorhanden sein; nachnageln, wenn ein Nagel fehlt. Ist ein Nagelkopf abgerissen, klopft man den verbleibenden Rest mit einem zweiten Nagel von der Wand In Richtung Sohle; vorsichtig soweit herausklopfen, bis er mit der Zange gezogen werden kann.

ERSETZEN EINES NAGELS

1) Nagelniet öffnen (muß mindestens rechtwinklig zur Hufwand stehen)
2) Den Nagel zurückklopfen in Richtung Sohle.
3) Nagelkopf packen und herausziehen.
4) Den neuen Nagel in den alten Nagelkanal einführen und einschlagen. Ist das Hufeisen bereits stärker abgelaufen, steht der neue Nagel stark hervor, womit wieder die Gefahr des Lockerns oder des Abreißens gegeben ist. Dann entweder: den Nagelkopf flacher feilen oder „Kuhnägel" (flacherer Kopf) benutzen.
5) Die aus der Hufwand herausragende Spitze Richtung Hufeisen/Hufwand umlegen.
6) Spitze etwa 2 bis 4 mm vor der Hufwand abkneifen.
7) Den Nagel mit Zange und Hammer beiziehen und anklopfen.

TIPS ZUR HUFARBEIT

– Hufnägel sind an der Spitze asymmetrisch geformt, *die abgeschrägte Seite* muß beim Einschlagen zur Huf*innen*seite zeigen.
– Die Ersatznägel sollten eine Nummer stärker im Durchmesser sein als die alten Nägel. Somit erhält man einen stärkeren Sitz im alten Nagelkanal.

21. Soforthilfe bei Krankheiten und Verletzungen

ALLGEMEINES

Die Versorgung bei Verletzungen oder Krankheiten bei Hund und Mensch ist weitgehend gleich.

Daher zu jedem Fall *erst* das entsprechende Kapitel für die Behandlung von Menschen nachlesen.

Die nachfolgenden Behandlungsvorschläge und Tips stellen *die Abweichungen* und *Ergänzungen* dar.

VERHINDERN DES BEISSENS

Der Hund beißt um sich und läßt sich nicht anfassen.
Maßnahmen:

- Anleinen oder – falls nicht möglich – eine Schlinge um den Hals werfen.
- Extrem kurz anbinden, z. B. an einen Baum; der Kopf und der Hals müssen gegen den Stamm gedrückt sein.
- Eine Schlinge ums Maul ziehen, zuziehen, die Banden-den unter dem Unterkiefer kreuzen und anschließend hinter den Ohren verknoten.

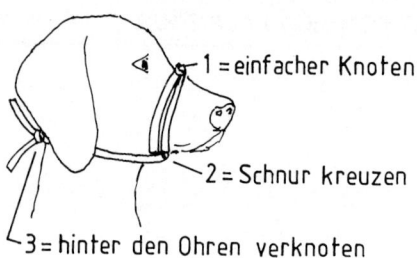

1 = einfacher Knoten

2 = Schnur kreuzen

3 = hinter den Ohren verknoten

- Bei einer nur dünnen Schnur/Band und/oder extrem bissigen Hund das Band mindestens 2 mal um die Schnauze wickeln.
- Bei kurznasigen Hunden (z. B. Boxer) wird die Schlinge weit hinten auf dem Nasenrücken angelegt (über dem knöchernen Nasenrücken), da sonst Erstickungsgefahr besteht.

> *Merke:* Auch der bravste Hund beißt, wenn er Schmerzen hat. Daher dem Tier vor dem Anfassen oder Hochheben immer erst die Schnauze zubinden!

SCHOCKBEHANDLUNG

Erkennen an der Blässe der Schleimhäute (Zunge, Zahnfleisch, Bindehaut); das Tier hat kühle Beine und eine oberflächliche, schnelle Atmung. Schneller Puls (160 Schläge/min. und mehr) sowie Pupillenerweiterung.

Behandlung:
- Das Tier in Seitenlage bringen
- Die Zunge seitlich herausziehen
- Blutungen so schnell wie möglich zum Stillstand bringen
- Wärmezufuhr (eindecken)

WUNDVERSORGUNG

Zunächst immer versuchen, einen Druckverband anzubringen: Gaze oder ein sauberes Tuch auf die Wunde drükken und festhalten, bis die Blutung steht oder zumindest nachläßt; anschließend festkleben oder festbinden.

NÄHEN VON WUNDEN

Zum Nähen von Wunden sollte man
- eine sogenannte „rückläufige" oder „U-Naht" verwenden; dadurch erhält man eine gute Kammbildung: breite, rasche und solide Vereinigung der Wundränder.
- Die Fadenenden mit zweifachen Knoten verknüpfen, wobei die erste Schlinge doppelt gelegt wird.

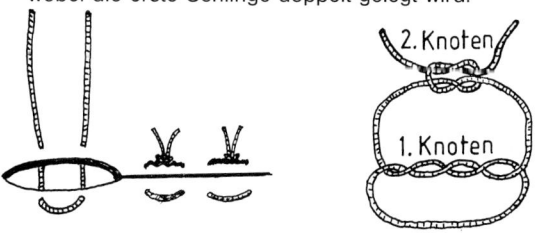

- Infizierte Wunden (Bißverletzungen) an der tiefsten Stelle offen lassen.
- Bei Ansammlung von Wundwasser unter der Haut 1 bis 2 Fäden an der tiefsten Stelle ziehen, mit einem Löffelstiel die Wundränder wieder öffnen und das Sekret abfließen lassen; die Wunde einige Tage offenhalten.
- Eine Vereinigung der Wundränder unter Zuhilfenahme von Klebeband ist nur dann möglich, wenn *keine* Spannung vorhanden ist.
- Fäden nach 10 Tagen ziehen; bei Wunden am Rücken, Nacken oder seitlicher Brustwand besser erst nach 14 Tagen.

OHRVERLETZUNGEN

- Verbandsmaterial auf *beide* Ohrseiten legen.
- Festdrücken, bis die Blutung zum Stillstand gekommen ist.
- Das Ohr nach oben klappen und auf den Kopf legen.
- Anfertigung eines Kopf- und Halsverbandes.

BRUST- UND BAUCHVERLETZUNGEN

- Gaze oder Tuch auf die Wunde legen.
- Binde um den gesamten Rumpf wickeln.
  Bei Wunden im Brustbereich, bei denen Atmungsgeräusche zu hören sind oder Schaum austritt: Die Wunde durch einen festen Druckverband möglichst *luftdicht* abschließen. Mehrere Tage absolute Ruhigstellung des Tieres.

WUNDEN AN DEN LÄUFEN (BEINEN)

- Anlegen eines Druckverbands
- Bei unstillbaren Blutungen Anwendung einer Aderpresse.

Aderpresse:
1) Einige Zentimeter über der Wunde einen Stoffstreifen mit Hilfe eines Knebels festzurren (nur so fest drehen, daß die Blutung gerade steht).
2) Den Knebel mit einem Verband fixieren oder festhalten.
3) Alle 15 Minuten für einige Minuten lockern.
4) Nach Stillstand der Blutung Anlegen eines Druckverbands.

VERLETZUNGEN AN DEN PFOTEN

- Die Pfote nach einem Fremdkörper (Dorn, Nagel, Scherbe) absuchen
- Entfernen des Fremdkörpers
- Verband anlegen (wenn ein Verband längere Zeit an der Pfote bleiben soll, sind die Zehen abzupolstern: Watte oder weiches Material in die Zwischenräume der Zehen stopfen, da sonst die Gefahr von Druckstellen gegeben ist). Zum besseren Halt des Verbands kann dieser mit einem Klebeband am Fell festgeklebt werden.

KRALLENBRUCH

- Das lose Stück mit einem scharfen Ruck abreißen.
- Anschließend verbinden.

> *Merke:* Krallen- und Ballenverletzungen bluten meist
> sehr stark; daher Druckverband anlegen.

BISSVERLETZUNGEN

Bißverletzungen sind stets als infiziert anzusehen. Vor
allem bei größeren Wunden ist häufig Nähen erforderlich.
Reinigung: s. Humanmedizin
Nähen: s. „Nähen von Wunden", S. 171.

> *Merke:* Die Wunde immer am tiefsten Punkt für einige
> Tage offenhalten; bei vorzeitigem Verkleben
> der Wundränder die Wunde 2mal täglich mit
> einem Löffelstiel unten erneut öffnen, damit das
> sich bildende Sekret abfließen kann.
> Wenn möglich, einige Tage Antibiotika verabrei-
> chen. *Im Gegensatz* zum Pferd ist beim Hund die
> Tetanus-Gefahr sehr gering, eine Impfung ist
> daher unnötig.

ANFERTIGUNG EINER HALSKRAUSE

Versucht sich der Hund einen Verband mit den Zähnen abzureißen, geht man wie folgt vor:
- Plastikeimer o. ä. nehmen und den Boden herausschneiden,
- Schnüre als Schlaufen durch den bodennahen Rand ziehen,
- Das Halsband durch die Schlaufen ziehen: den Eimer je nach Kopfform des Tieres kürzen, damit es fressen und trinken kann.

KNOCHENBRÜCHE

Offener Bruch siehe Humanmedizin. Beinbrüche müssen geschient werden, Vorgehen ebenfalls wie in der Humanmedizin. Bei Rippenbrüchen ist häufig eine Ruhestellung des Hundes ausreichend.
Wirbelsäulen- oder Beckenverletzungen: Das Tier ist bewegungsunfähig, also
- den Hund auf ein Brett oder ähnliche harte Fläche legen
- Festbinden mit Stoffstreifen
- Ruhigstellen des Tieres so gut wie möglich.

> *Merke:* Diese Behandlung ist für das Tier äußerst schmerzhaft. Deshalb dem Hund vorher das Maul zubinden!

KÜNSTLICHE BEATMUNG

1) Die Nasengänge freimachen, evtl. durch Ausschütteln.
2) Den Hund in die Seitenlage bringen.
3) Alle 3 Sekunden Luft in die Nasenlöcher blasen, bis sich der Brustkorb des Tieres wieder von allein bewegt.
4) Puls- und Atemkontrolle weiterhin durchführen. Zum eigenen Schutz sollte man ein dünnes Tuch zwischen die Hundenase und den eigenen Mund legen.

HERZMASSAGE BEI KREISLAUFSTILLSTAND

1) Den Hund in die Rückenlage bringen.
2) Vom Kopf ausgehend den Brustkorb rhythmisch zusammenpressen.
3) Zwei Sekunden pressen, eine Sekunde lockern.
4) Alle 30 Sekunden Atemspende.
5) Herzschlag prüfen durch linksseitiges Hand- oder Ohrauflegen.
6) Wenn der *Spontan*herzschlag einsetzt, das Tier weiter beatmen, bis es auch zur *Spontan*atmung kommt.

Merke: Der Herzschlag ist beim Hund von Natur aus unregelmäßig, da er *atmungsgekoppelt* ist.

INNERE ERKRANKUNGEN

Magendrehung

Zu Erkennen am stark aufgetriebenen Bauch und schneller Hinfälligkeit. Ohne tierärztliche Hilfe tritt der Tod innerhalb von Stunden ein.

Ursache: Starke Bewegung direkt nach der Futteraufnahme Also Vorbeugen! Eine Ruhephase für das Tier nach der Fütterung einplanen.

Große Hunde sind wesentlich stärker gefährdet.

Drohender Erstickungstod durch Fremdkörper

Anzeichen:
- Husten oder Röcheln
- Atemnot
- Hund versucht, mit der Pfote ins Maul zu gelangen.

Behandlung:
- Dem Tier tief ins Maul greifen und versuchen, den Fremdkörper zu entfernen;
- Den Hund an den Hinterbeinen hochheben und schütteln und/oder den Hals kopfwärts massieren.

Erbrechen und Durchfall

- Den Hund 24 Stunden hungern lassen.
  Schwarzen Tee oder Kamillentee mit einer Prise Salz (mindestens 1 Teelöffel pro Liter) anbieten.
- Da eine ausreichende Flüssigkeitszufuhr sehr wichtig ist, bei Bedarf zwangsweise mit einem Löffel einflößen (Mindestbedarf 40 ml pro kg Körpergewicht täglich).
- Ab dem 2. Tag kleine Portionen gesalzenen Hafer- oder Reisschleim füttern.

- Tritt eine Besserung des Zustands ein, ab dem 3. oder 4. Tag kleine Mengen mageres, gekochtes Fleisch (Rind, Huhn) zusetzen. Gut bewährt hat sich die Beigabe von Fleischbrühe aus Brühwürfeln, da sie schmackhaft und salzhaltig sind.
- In schweren Fällen zusätzlich Magen-/Darm-Medikamente verabreichen (s. S. 98 Humanmedizin).

Fremdkörper im Darm (Darmverschluß)

Erkennbar an Erbrechen – auch nach Flüssigkeitsaufnahme; kein Kotabsatz.

Behandlung:

In *schweren* Fällen, d. h. bei Darmverschluß tritt der Tod ohne tierärztliche Behandlung innerhalb von wenigen Tagen ein.

Bei leichteren Fällen – wenn der Fremdkörper noch nicht festsitzt – Sauerkraut füttern (kleinere Fremdkörper werden umhüllt, weitertransportiert und ausgeschieden).

Verstopfung
- Löffelweise Öl eingeben
- Abführende Nahrungsmittel reichen (Milch, rohe Leber)

ZAHNERKRANKUNGEN

Der Hund ist relativ unempfindlich für Zahnschmerzen. Sieht man allerdings eine *Umfangsvermehrung* unter dem Auge, kann man häufig auf einen Abszeß schließen, der von den Zahnwurzeln der Backenzähne ausgeht.

Behandlung:
- Mit einer großen Kanüle oder noch besser mit dem Messer öffnen, Eiter abfließen lassen.
- Die Wunde einige Tage offenhalten (durch Auswaschen oder wiederholtes Öffnen).
- Zahnziehen ohne Narkose ist nur bei den vorderen Zähnen möglich, da sie nur eine Wurzel besitzen (auch die aber müssen zu diesem Zeitpunkt schon locker sein), oder bei *sehr starker* Lockerung der Backenzähne, die extrem starke Wurzeln aufweisen.

AUGENERKRANKUNGEN

- Bei Reizungen der Bindehaut durch Staub o. ä. das Auge vorsichtig mit lauwarmem Wasser oder Kamillentee auswaschen, um reizende Teilchen zu entfernen.
- Kontrollieren, ob sich Fremdkörper (Gras-, Getreidespelzen, Baumnadeln o. ä.) im Auge befinden; gegebenenfalls entfernen.
  Fremdkörper spießen sich unter dem Ober- oder Unterlid oder unter dem 3. Augenlid (Nickhaut) ein. Das 3. Augenlid ist normalerweise nur im Augeninnenwinkel als kleines Dreieck sichtbar. Wenn es bei geöffnetem Auge weiter vorgefallen ist, ist dies ein Anzeichen für eine Erkrankung des Auges *oder* des gesamten Hundes (Binde- oder Hornhautentzündung, Nerven- oder Gehirnerkrankungen, Muskelentzündungen, Austrocknung, starke Verwurmung und andere Krankheiten).
- Bei Absonderung eines gelben (eitrigen) Sekrets wird antibiotische Augensalbe verabreicht.

Cortisonhaltige Augensalben können bei starkem Juckreiz am Auge sehr sinnvoll sein (allergische Entzündungen), aber nur dann verwenden, wenn mit *Sicherheit keine Hornhautverletzung* vorliegt.

Merke: Unbedingt verhindern, daß sich der Hund am Auge kratzt und sich dadurch weitere Verletzungen zuzieht. Eine Halskrause anlegen oder Pfoten (Krallen) umwickeln (Strumpf überziehen oder Verband anlegen und festkleben).

ERTRINKEN

–   Nach der Bergung den Hund an den Hinterbeinen hochheben und kräftig schütteln, damit das Wasser aus der Lunge fließen kann.
–   Je nach Zustand des Tieres künstlich beatmen oder mit einer Herzmassage beginnen.

ERFRIERUNGEN

Beim Hund sehr selten, am ehesten sind die Ohren oder die Rute (Schwanz) betroffen; Behandlung s. Humanmedizin.

UNTERKÜHLUNG

Die Normaltemperatur eines Hundes beträgt – im After gemessen – zwischen 38 und 38,5° Celsius. Bei Absinken

unter 32° besteht die Gefahr des Kältetodes. Sofort einwik-
keln in warme Kleidung oder das Tier mit dem eigenen Körper (z. B. im Schlafsack) wärmen.

HITZSCHLAG

Ab einer Körpertemperatur von 41,5° C ist ein Gehirnscha-
den mit Todesfolge möglich. Ein Hitzschlag ist erkennbar
an
- unsicherem Gang des Tieres
- Schwanken
- Bewußtlosigkeit.
Behandlung:
- zuerst die Läufe, *dann* Kopf und Körper kühlen,
- den Hund abspritzen,
- wenn kein Wasser vorhanden ist, das Tier in den Schatten legen und Luft zufächeln.

ZECKEN

- Den Zeckenkörper mit den Fingernägeln oder einer
  Pinzette erfassen und herausdrehen.
- Reißt der Zeckenkopf beim Entfernen ab und verbleibt
  somit in der Haut, abwarten, ob sich eine Entzündung
  bildet; meist wird der Zeckenrest von der Haut einge-
  kapselt.

INSEKTENSTICHE

Bienen-, Wespen- und andere Insektenstiche werden vom
Hund meist besser als vom Menschen vertragen. Bei einer
Schwellung empfiehlt sich Kühlung. *Gefahr* besteht dagegen dann, wenn das Tier eine Biene oder Wespe frißt, da
durch einen Stich des Insekts ein Zuschwellen des Halses
möglich ist (Erstickungstod!). Die Zunge des Hundes herausziehen, kühlende Umschläge machen.

SCHLANGENBISSE

Schlangenbisse bringen
- ein Anschwellen der Bißstelle (bei Vipern und Gruben-
  ottern)
- Erbrechen des Hundes (bei Giftnattern)
- Atembeschwerden
- Krämpfe und/oder
- Lähmungen mit sich.

Behandlung s. Humanmedizin

Merke: Bei Bissen von Giftnattern treten an der Bißstelle
selbst nur selten Veränderungen auf!

MEDIKAMENTENTIPS

Viele Medikamente, die für den Menschen bestimmt sind,
können auch für den Hund verwendet werden. *Aber:* Der
Hund benötigt im Verhältnis zu seinem Körpergewicht *eine
höhere Dosis als der Mensch!*

196

22. Notsignale und Nachrichten-übermittlung

ALPINES NOTSIGNAL

6mal in der Minute ein Signal geben – eine Minute Pause. *Antwort:* 3mal pro Minute ein Signal geben – eine Minute Pause. Diese Signale können mit einem Funkgerät, dem Signalspiegel, einer Lampe, einem Signalabschußgerät oder einer Pfeife gegeben werden.

DAS MORSEALPHABET

a ·−	k −·−	u ··−	1 ·−−−−
b −···	l ·−··	v ···−	2 ··−−−
c −·−·	m −−	w ·−−	3 ···−−
d −··	n −·	x −··−	4 ····−
e ·	o −−−	y −·−−	5 ·····
f ··−·	p ·−−·	z −−··	6 −····
g −−·	q −−·−	ä ·−·−	7 −−···
h ····	r ·−·	ö −−−·	8 −−−··
i ··	s ···	ü ··−−	9 −−−−·
j ·−−−	t −	ch −−−−	0 −−−−−

BODENZEICHEN FÜR FLUGZEUGE

Diese Zeichen können in den Schnee getrampelt, mit Steinen angelegt oder auch aus Zweigen und/oder Kleidungsstücken angefertigt werden. Es ist auf Schattenbildung zu achten! Die Zeichen möglichst groß anlegen; mit Kaliumpermanganat kann man eine Blaufärbung des Schnees erzielen.

I Benötigen Arzt, ernste Verwundungen	**I I** Benötigen Medikamente	**X** Können Weg nicht fortsetzen
F Benötigen Verpflegung und Wasser	**⋙** Benötigen Feuerwaffen und Munition	**□** Benötigen Karten und Kompass
— — Benötigen Morselampe mit Batterie + Notsender	**K** Zeigt Marschrichtung an	**↑** Wir marschieren in dieser Richtung
▷ Wir versuchen zu starten	**⊐** Flugzeug schwer beschädigt	**△** Könnt mutmaßlich hier sicher landen
L Benötigen Brennstoff und Oel	**L L** Alles in Ordnung	**N** Nein
Y Ja	**⊐L** Nicht verstanden	**W** Benötigen Mechaniker

KÖRPERSIGNALE FÜR DIE LUFTSUCHE

Bitte um Aufnahme   Nicht landen   Alles klar nicht warten   Bestätigt

Nicht bestätigt   Benötige Hilfe   Funkgerät in Betrieb   Nachricht abwerfen

Kann in Kürze weitermaschieren   Hier landen   Benötige medizinische Hilfe (dringend)

FLUGZEUGANTWORTEN

- **Grünes** Blinklicht *oder* **Wackeln** mit den Tragflächen: Nachricht verstanden.
- **Rotes** Blinklicht *oder* **voller Kreisbogen** nach rechts: Übermittlung **nicht** verstanden.

23. Verschiedene Maßeinheiten

DIE UMRECHNUNG VON FAHRENHEIT IN CELSIUS

Nullpunkte: 0 Grad Celsius entsprechen 32 Grad Fahrenheit

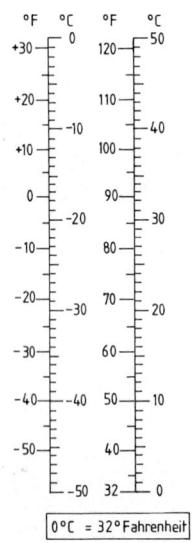

0 °C = 32° Fahrenheit

Formel zur Umrechnung von Fahrenheit in Celsius

$$°C = \frac{°F - 32}{9} \times 5$$

202

Beispiel: Umrechnung von 100° Fahrenheit in ° Celsius:

$$\frac{100° - 32}{9} \times 5 = 37,8\,°C$$

Beispiel: Umrechnung von 20° Celsius in ° Fahrenheit:

$$°F = \frac{°C \times 9}{5} + 32 \qquad \frac{20 \times 9}{5} + 32 = 68\,°F$$

UMRECHNUNGSTABELLE FÜR DEUTSCHE, ENGLISCHE UND AMERIKANISCHE MASSE UND GEWICHTE

1 Kilometer	= 1 000 Meter
1 Meter	= 1 000 Millimeter
1 km²	= 1 000 000 m²
1 Hektar	= 10 000 m²
1 Ar	= 100 m²
1 Seemeile	= 1 852 m
1 englische Land- meile	= 1 609 m
1 square mile (engl.)	= 2,59 km²
1 Fuß	= 30,48 cm
1 Yard	= 91,44 cm
1 Zoll	− 2,54 cm
1 Kilogramm	= 1 000 Gramm
1 Tonne	= 1 000 kg
1 Liter	= 1 000 ccm
1 Gallon (USA)	= 3,79 Liter
1 Gallon (engl.)	= 4,55 Liter
1 Quart	= 1,14 Liter

24. Improvisierte Hilfsmittel

ANFERTIGUNG EINER SCHNEEBRILLE

Bei starker Sonneneinstrahlung oder großen, reflektieren-
den Flächen (Wüste, Sand, Wasser, Eis oder Schnee) muß
man die Augen – auch bei vermeintlich bedecktem Himmel
– vor Blendung schützen.

Schnur

Birkenrinde, Stoff etc.

RUCKSACK- UND TRAGENBAU

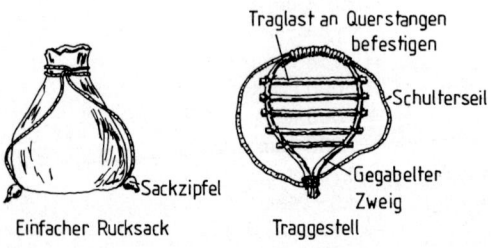

Traglast an Querstangen
befestigen

Schulterseil

Gegabelter
Zweig

Sackzipfel

Einfacher Rucksack

Traggestell

204

BAU EINER SÄGE

Das Sägeblatt kann unterwegs gerollt (z. B. im Kochtopf) gut transportiert werden.

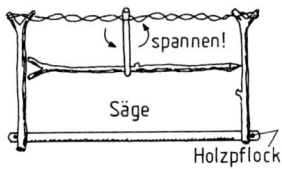

DANKSAGUNG

Nobody is perfect.
Will man in einem Lehrbuch dieser Art alle Themen kompetent behandeln, ist man – gerade im medizinischen Bereich – auf Spezialisten angewiesen. Ich möchte mich an dieser Stelle bei den Fachleuten bedanken, die mir für die einzelnen Kapitel ihr Fachwissen zur Verfügung gestellt haben:
Dr. *Karin Pantel,* Tierärztin, Wittgenborn
Prof. Dr. *Dietrich Mebs,* Toxikologe, Frankfurt/Main
Dr. *Hans-Jürgen Werner,* Arzt, Hainburg
Dr. *Ruth Markus,* Ärztin, Ronneburg
Dr. *Lisa Fritsch,* Zahnärztin, Hasloch
Hubertus Schulze-Neuhoff, Meteorologe, Traben-Trarbach
Rainer Wohlfahrt, Hufschmied, Biblis
Armin Kaspar, Leiter von Hufschmiedseminaren für Wanderreiter, Laubach.

Für die Zeichnungen möchte ich mich bedanken bei meinem Vater *Heinz Lapp,* Wittgenborn
Jeanette Killmann/Fenja Killmann, Essen
Christian Schiegel, Ebersberg, für die Wolkenbilder.

Ein ganz besonderes Dankeschön möchte ich jedoch richten an Dr. *Karin Pantel,* die mir geholfen hat, all mein gesammeltes Wissen in geordneter Form zu Papier zu bringen.

Volker Lapp, Wittgenborn
Jahrgang 1945,
Abitur. Ingenieurschule,
selbständiger Kaufmann,
Entwicklung und Vertrieb
von Ausrüstung und
Booten, Leiter von Expedi-
tions-Seminaren für Privat
und Industrie.
Extremreisen in aller Welt;
1984 in Brasilien Gewinner
des TEAM SPIRIT AWARD
(Camel Trophy).
Teilnehmer an der Pharao-
Rallye in Afrika.
Survival-Lehrgänge bei der
Bundeswehr.
Touren in den USA, Kanada, Alaska, Afrika, Südamerika,
Grönland und Sowjetunion.
2000 Kilometer Motorbootrennen auf dem Niger.
Schwimmautobau und 1200-km-Erprobungstrip
auf dem Yukon.
Segelboottour Hanau – Afrika – Hanau.
Unterwegs mit Kanus, Segel- und Motorbooten, Pferden,
Geländewagen und zu Fuß; geprüfter Wanderreitführer,
Jäger und Hundeführer.

207